練習
不壓抑

蘇益賢 著

目錄

第四章　破解：如何排解「壓抑」？

第五章　不壓抑的防護罩：價值觀

讓人們充滿活力的生活指南

史蒂芬・海斯（Steven C. Hayes）

「接納與承諾治療」理論之共同發展者
內華達大學雷諾分校心理系教授
《走出苦難，擁抱人生：接受與承諾治療自助手冊》作者

　　活著真難。出生時，老天並沒有發給每個人一本生活指南，教我們怎麼過日子。我們很容易使用某些「生活策略」，短期內讓我們過得還可以，但長期來說卻會讓我們的人生失去活力、耗損內心的平靜與喜悅。「壓抑」就是一個明顯的例子。

　　幸運的是，科學研究已逐漸發現一些更有智慧的生活方式，而本書極佳地呈現這些新的知識給讀者。把本書想成一本生活指南，而且是你出生時就希望得到的那一本。

　　誠摯推薦！

It is hard to be human. We do not arrive in this world with an owner's manual and it is easy for us to use strategies of living that produce short term gains at the cost of our own longer term prosperity, peace of mind, and happiness. Suppression is clear example.

Fortunately, science is gradually learning how to proceed in a wiser way, and this book does an excellent job of presenting this new knowledge. Think of it as the owner's manual you wish you'd received in the first place. Highly recommended!

Steven C. Hayes

Co-Developer of Acceptance and Commitment Therapy

and author of *Get Out of Your Mind and Into Your Life*

「沒感覺」真的沒問題嗎？

海苔熊 | 科普心理暨愛情心理學家

回想一下自己這些年來的日子，你有這樣的狀況嗎？

- 別人冒犯你，你總是很快就說：「沒關係。」
- 有一些負面想法的時候，總會搖搖頭跟自己說：「不要想了！」
- 經常莫名覺得煩躁，卻又不知道在煩躁什麼。
- 你明知道有些事情得去面對，但總是習慣拖延，不見棺材不掉淚。
- 心情不好時，會分心去做一些讓你覺得愉快的事情，例如吃東西、喝酒、打電動等等。

如果你符合上面的任何一項，你就很有可能使用過「壓抑」這個技巧！等等，你說這根本是地圖炮吧？誰沒有用過這些方式？的確，這就是為什麼益賢說人人都會壓抑，「壓抑

並不是不好，更多時候還有一些用處」（翻譯蒟蒻：壓抑並不可恥，而且有用）。正因為這樣，這個策略才會被我們保留下來，有了它，我們可以保持人際關係暫時的和諧，暫時不去面對太重大的問題，讓自己心情稍微好過一些。不過長期來說，可能會有一些副作用，下面就是我血淋淋的例子。

按摩師的觀察

多年前我曾經罹患胃潰瘍，那時候到醫院掛急診，醫生說可能是因為壓力造成的，我心想：「天哪！我年紀輕輕怎麼會把自己身體搞成這樣？」醫生說，可能是我長期壓抑造成的，我那時堅決否認，我生性樂天開朗，怎麼會有壓抑的狀況呢？真是個庸醫！直到有一天我去給按摩師按摩，才發現醫生說的可能是真的。

那天在養生館，按摩師的雙手才揉捏了幾下，就說：「你是不是很容易緊張的人啊？你的肩膀好緊！」他接著告訴我，能夠擁有這種肩膀的人應該不是等閒之輩（怎麼這句話看起來很中二XD），勢必是經常聳肩，任何時候肩膀的預設值都保留在緊張的待機狀態。

走出養生館之後，我開始經常留意和覺察我的肩膀狀態，發現他說的真有道理，就算是在走路的時候、呼吸的時候、講

話的時候，我的肩膀都是維持非常緊繃的樣子。後來我回去對照上面那幾個條目，才驚覺我根本就是一個不折不扣的「壓抑者」（suppressor），而且還是益賢所說的「不知不覺」的那一種，短時間可能真的增加了我的工作效率，不過卻造就了肩膀僵硬及胃潰瘍等後遺症。

壓抑的逆襲

　　為什麼壓抑短時間有效，長期卻可能有負面效果呢？你可能有聽過丹尼爾・韋格納（Daniel M. Wegner）的白熊實驗（1987）[1]，當受試者被要求不要想白熊，他們就更有可能想起白熊，也就是「試圖壓抑，想法反而會逆襲」（rebound effect）。事實上，阿布拉莫維茨（Abramowitz J. S.）等人統整了28個研究（2001），發現這個逆襲的效果是很普遍的[2]（平均效果量d是.30，介於小～中的效果），換句話說，倘若你要自己不要想起某件事情，那麼很弔詭的，你反而就會一直想到這件事。

　　等等，既然叫自己不要想，反而會一直想，那「想別的事情」不就好了嗎？的確，後續有一些研究，是利用「分心」的策略（例如，去想一輛紅色汽車），這樣也的確不會想到白熊。看起來分心的策略好棒棒，但讀完益賢的書之後，我突然

頓悟了一件事情：在日常生活當中，困擾你的並不是白熊，而是真真切切在影響你的事，例如長輩的一句話、朋友的一個眼神、甚至是「覺得自己很糟糕」的這個想法。在做實驗的時候，我們當然很容易就可以用紅色汽車覆蓋掉白熊，那是因為這是「實驗者指派」的、跟你無關的事情，可是回到日常生活當中，那些你所壓抑的事情，真的能夠那麼輕易的消失嗎？

走出壓抑的三個練習

如果你也是容易受生活當中的「多多慮」困擾的人，你也曾經短暫成功壓抑，最終又被逆襲，那麼這本書將是一個很好的練習。它不但指出了這個現象的「什麼」、「為什麼」、「如何發生」與「背後的想法和動機」，還提供了許多可能的「具體方法」。在這裡我特別強調「具體」兩個字，是因為裡面的方法有別於其他的心靈成長類書籍，並不是只要你接納自己、和過往和解等等，而是提供更多可以實際操作的認知行為策略，教你一步一步怎麼想和怎麼做，透過練習，一點一點的解放自己的壓抑，例如：

● 重新看待這件事情：把你的煩惱用生日快樂歌唱出來，拆成筆畫或注音符號，一個字一個字寫出來。

- 練習不去評價自己和情緒：把念頭想像成河流上面的葉子、天空上的雲、或者是路上的車子經過。
- 認識自己：拆解自己的想法、價值觀和情緒，利用書中圖表協助自己指認和標定。

習慣壓抑的人，很多時候是害怕爆炸之後會炸傷自己或別人，所以用這個方法來當作一種防衛；但弔詭的是，這個短期的防護罩，可能最後還是炸傷了人，在有些人身上可能會以「身體症狀」（例如胃潰瘍）顯現，在其他人身上可能會以「心理症狀」來顯現，例如憂鬱、焦慮症。

當然，習慣改變並非一朝一夕，所以我們可以從小小的改變開始——就像你從拿起這本書到現在，或許已經從「不知不覺」進展到「有感覺」，這就是一個小的進步！你並不需要丟棄「壓抑」這條路，而是讓自己的情緒、思考、行為，走出不同的坦途。

參考文獻

1. Wegner, D. M., Schneider, D. J., Carter, S. R., & White, T. L. (1987). Paradoxical effects of thought suppression. Journal of Personality and

Social Psychology, 53(1), 5.

2. Abramowitz, J. S., Tolin, D. F., & Street, G. P. (2001). Paradoxical effects of thought suppression: A meta-analysis of controlled studies. Clinical Psychology Review, 21 (5), 683-703.

將治療化為文字

劉同雪｜輔仁大學醫學院臨床心理學系副教授

　　益賢是新生代當中相當優秀的臨床心理師：他不僅深入臨床工作，也在實務之餘，到所有需要他的地方演講、舉辦工作坊，更和丁郁芙心理師推出FB粉專「心理師想跟你說」，吸引許多人關注，為了推廣心理學概念而努力。

　　益賢積極入世的工作哲學，自然成就了這本能切實給予讀者幫助的書。和許多同為大眾取向的心理學書籍不同的是，他能以清晰、精準的話語將某些層面上已然高度抽象化的心理學術語，透過豐富經驗臨床工作者的眼與心，精準地轉譯為每個人能懂的語言；這正呼應了前美國心理學會會長納丁・卡司洛（Nadine J. Kaslow）所提倡的觀念：應將心理學專業轉譯給大眾。舉一例言之：

　　諷刺效應（ironic effect）意指心理程序（psychological process）中，愈是試圖壓抑（suppress）某些想法，反會

使這些想法更浮現到意識層面來。

本書介紹諷刺效應（ironic effect）給大家的方法是：邀請讀者「在一分鐘內，禁止自己想起某首歌的任何片段」，接著在書中設計的表格內填入「成功」或「失敗」（請見本書第77頁），跟著步驟走，你一定能在這一分鐘內，將學理上抽象的概念收納為自己心理工具箱中的新法寶了！

這樣的優點在本書處處可見，讓讀者能夠循序漸進學習自我調控（self-regulation），重新建立有助於適應的思考和行為模式。

本書不止步於提出學理性定義：「對自己的想法、情緒、感覺採取忽視、限制、抑制、禁止的動作，都算是壓抑。」還大量採用貼近你我日常經驗的例證加以說明，如此的書寫，展現了作者的廣泛實務經歷和對案主深刻的同理心。能夠將治療化為文字，讓尚無緣親炙臨床治療的你也能受惠，正是本書最值得一讀的理由。

正如益賢在本書最精采的第四章，引用存在心理學家法蘭柯所說的話：「所謂的自由，就存在於刺激與反應之間。」若能勤於修煉在受到刺激之後「待久一點」的能力，就能做出更為良好適切的反應。又在此基礎認識之上，按部就班地帶領讀

者學習辨認人類的數十種細緻情緒，再學習以有效實際的方法「接納」之。更棒的是，你還能在本章中認識如何處理常令許多人困擾不已的「想法」。我們每個人都經歷過千頭萬緒的時刻，或者被某個想法困擾，帶來相當不舒服的感受。此時若能如作者所提示，理解到所謂的「想法」就像是Google一樣，由大腦自過往資訊中搜尋出來的「建議與參考」，往往不是「事實」，就更可能做出適切回應當下情境的行為，這不正是我們所嚮往的真正自由嗎？！

最後，本書真誠地告訴讀者，練習的過程並不保證舒服。因為我們終究要面對價值觀的選擇與人生終極意義的追求。探究價值觀這樣的根本性課題很可能令人感到不適，但當你選定了自己的價值觀，就會是面臨生命難題時，最好的忠實夥伴。

無論正翻開本頁的你此刻遇見什麼樣的難題，希望你已經發現，這本《練習不壓抑》自身就是一個有意義的刺激。誠摯地邀請讀者，帶著你的行動計畫，以實踐的態度，在這本書為你帶來的刺激中停留久一點！

不壓抑的勇氣

　　為什麼，我們愈來愈不敢傾聽自己內心的聲音，選擇壓抑？

　　為什麼，我們放棄思考自己的理想人生，勇敢前進？

　　處於「壓」世代的我們，是時候正視這樣的處境了。

　　回首人生，不少人的遺憾是「後悔沒有鼓起勇氣，表達真實的自我」、「後悔沒有勇敢追夢，而是順應別人的期望」。不過，在表達自我、勇敢追夢之前，我們其實得先知道如何傾聽自己，而「壓抑」正是其中一個阻撓我們跟自己靠近的因素。

　　提到壓抑時，你腦海浮現的畫面是什麼？是下屬面對難搞老闆時的有苦難言？是瀕臨氣炸邊緣時，努力不讓自己的情緒爆發？還是阿妹的經典歌詞「想哭但是哭不出來」？

　　事實上，壓抑非常普遍。壓抑的時候，我們跟自己是疏遠的，不太清楚自己真正的想法。壓抑的時候，我們即便知道內

心有些感覺，卻不知道如何安頓這些感覺，更不用說要去表達這些感受了。壓抑久了，我們不像自己，也不會做自己；不知道自己要什麼，也不知道人生該往哪去。

從不同的故事裡，我們發現「壓抑」的劇本不斷上演，有戒不掉大吃大喝的大學生；不敢說出真心話的未婚妻；借酒澆愁的上班族；流連於一段段感情、始終定不下來的漂泊男子漢；把拖拖拉拉當作例行公事的自由工作者；又或者在關係裡始終離不開對方的妻子。雖然故事的內容、人物、劇情都不同，但「壓抑」卻都扮演著核心的因素。

壓抑前，我們有所顧忌。壓抑時，我們用不同的方法，壓抑各種經驗。壓抑後，我們要面對的多半都是殘局。即便如此，壓抑還是形影不離的跟著我們。用現代心理學的研究與發現，解開這個「壓抑謎團」就是本書的任務。

我們會從壓抑的「how」開始，介紹五種典型的「壓抑方法」。其次，帶領讀者聚焦在壓抑的「what」：我們到底在壓抑什麼？接著將解開壓抑的「why」：我們為什麼要壓抑？哪些因素影響著我們的選擇？在釐清這些基本概念後，我們將介紹兩種破解壓抑的工具——接納與價值觀——做為結尾，引導大家設定各自的「解壓行動」。

壓抑不是一種病症，而是這個世代普遍的心理狀態。適度運用是不錯的策略，但若把壓抑變成習慣，反而會替生活帶來更多困擾。

不管你是想透過本書更認識壓抑的自己、壓抑的家人朋友，還是想更了解這個壓抑的世代。在此誠摯邀請有緣讀到這段文字的你，跟著書裡的說明與練習，逐步揭開壓抑的面紗，找出不壓抑的勇氣，好好練習不壓抑。

提醒

書中提供的方法適合所有人練習與使用，不過，若讀者目前的心理困擾比較緊急，或已涉及心理疾病的程度時，並不建議單靠閱讀來做為治療。建議尋求專業人員的協助，如精神科醫師、臨床心理師、諮商心理師等。

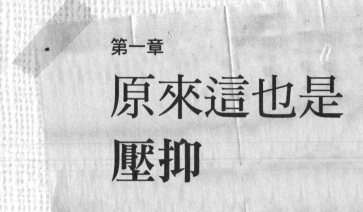

第一章

原來這也是
壓抑

「壓抑」其實普遍出現在你我周遭，

但若對它不夠了解，就算發生了，

我們仍無從發覺。

因此，認識壓抑，

換個角度來看看自己、看看世界，

會讓我們更有辦法在生活片刻裡，

警覺到壓抑的出現。

這是處理自己壓抑困擾的第一步。

沒有啊，
我哪有在壓抑什麼？

設計是小美的興趣，雖然不是本科生，但出社會後靠著努力與經驗累積，好不容易通過面試，進入一家小有規模的設計公司。

通過試用期後，上班壓力雖少了點，但小美還是得戰戰兢兢。因為她主管可是以要求嚴格、吹毛求疵聞名的。同時，要補學的東西實在太多了，三個月的時間還不足以累積必要的技能。即便到現在，小美還是常因不熟悉某些業務而犯錯，惹來主管臉紅氣漲。主管也納悶，她看起來明明很努力，學習能力也不錯，但為何緊要關頭仍會出包。

下班後，美食是小美最好的朋友。吃飽後，彷彿再次充了電，可以鼓起勇氣迎接下一個工作日。美食是小美的救贖，也確實幫了她不少忙。不過代價是，短短三個月裡，體重直線上升五公斤。除了要面對高壓主管，看到自己直線上升的體重，也讓她很是無奈。但每到下班時刻，又離不

開美食的慰藉。

回到家後，陪伴小美度過夜晚的，是網路上看不完的影集還有動漫。沉醉在這些虛擬世界，讓她得以暫時逃離生活壓力。影集的魅力實在迷人，小美發現自己一天比一天晚睡，「再一集就好」的空頭支票已累積厚厚一疊。晚上睡不夠，白天打哈欠，也難怪她不小心犯的錯愈來愈多。

還記得小美第一次到諮商室進行「初談」（也就是心理師與個案第一次碰面，針對個案問題與困擾進行了解的療程）時，她表示想來諮商有以下原因：

小美的困擾清單

☐ 工作壓力太大，不知如何克服

☐ 想改掉暴飲暴食的習慣

☐ 上班專注力不夠，一直出包

☐ 習慣晚睡，明知該早點睡，卻總是拖延睡眠

這個案例乍看之下似乎與壓抑無關。確實，當我們提出壓抑這個概念時，她的反應跟多數人一樣，皺了皺眉頭問：「沒有啊，我哪有在壓抑什麼？」

隱藏在生活中的壓抑

「小美，請妳回想一下，當妳下班猛吃東西時，有哪些妳上班時沒說出口的話，跟著食物一起吃下肚了？」會談時，我拋出了這個問題。

「太多了啦，妳不知道我忍了多少話沒講。真的很討厭現在的主管欸，我已經很認真了，他還是老針對我。有一次被他誤會，我是真的差點要吼回去，順便『問候』他家人幾句。要不是我現在還是菜鳥，得乖一點，不然我真的會嗆幾句。上班到現在，我覺得自己修養變得好好。」

「那妳再想想，妳說自己上班時無法專心，那妳的心思是跑去哪了？」

「跑去哪，你是說神遊嗎？我想想……其實我很想專心，但每次主管一經過，我就不自覺的開始緊張。一緊張，我就慌了。很怕主管或同事覺得我是不是又犯錯，所以我很努力讓自己保持鎮定。不過，好像更難專心了。」

「那妳提到，在家看影集的時候感覺心情還不錯。聽起來這是個不錯的舒壓方法。不過，妳說妳看到停不下來，能不能多說一點？」

「看影集應該不算壞習慣啦，畢竟還是有學到一點東西。很神奇欸，沉醉在影集的世界，可以暫時擺脫各種壓力，躲在一個沒有壓力的地方。但我承認啦，晚睡真的跟

影集有關。明知應該關掉電腦去睡覺，可是每次想到，把暫停鍵按下去之後，明天要上班的沉重感又會跑出來，就讓我忍不住跟自己說『再一集就好』。」

　　上班時，小美顯然憋了不少對主管的怒氣、被誤會的委屈，也制止了許多內心想飆出口的髒話。她努力壓抑自己的緊張情緒，讓自己看起來不緊張。不過，這反而讓她更難專心工作。對一般人來說，晚睡好像只是壞習慣。但以壓抑的觀點來看，追劇除了本身的娛樂效果之外，還有種功效：讓人逃避現實，不用面對各種壓力帶來的沉重感。

　　對自己的想法、情緒、感覺，（試圖或已經）採取忽視、限制、抑制、禁止的做法，都算是壓抑。

　　當我們覺得不舒服，為了讓此感受消失不見而採取行動，這類行為就符合壓抑的定義。不管是不舒服發生的那一刻，我們忽視它、假裝它不存在，或者，我們知道某個情境會帶來不舒服（關掉電腦），刻意透過拖延來讓自己避免那種不舒服（上班的壓力）出現，這種逃避行為也算是壓抑的一種。

壓抑造成的麻煩

　　完全不壓抑並非理想的建議。與人相處時，適度壓抑

是必要的，可以確保我們在與人互動時更為得體。只是，過度、缺乏彈性的壓抑也確實會造成不少問題。研究證實，壓抑與身心健康有關。過度使用壓抑做為因應技巧，還會限縮我們的生活。

壓抑時，我們不願碰觸內心真正的感受，不敢說出真心話、表達真實的情緒。小美在上司面前選擇壓抑，或許是出於禮貌與尊重，也或許是因為想保住這份工作。但從另一種觀點來看，壓抑發生時，我們雖然尊重了「別人的感受」，卻沒有對等尊重「自己的感受」。

壓抑的另一個麻煩是，壓抑之後並不是海闊天空，就沒事了。那些被壓抑掉的感覺，會用別的面貌再次逆襲。以小美的案例來看，那些沒說出口的憤怒，變成狂吃美食的欲望；而被壓抑的緊張，反而干擾了工作需要專注的心力；不想面對的工作沉重感，則影響了原有的睡眠時間。

常常，問題根源與最終展現出來的困擾，兩者不一定有明顯的直接關聯。需要抽絲剝繭，才能清楚看出其中的端倪。

如果我們把問題單純定義為「暴飲暴食、晚睡、上班不專心」，而忽視背後的共通根源，也就是壓抑，其實是治標不治本。某些習慣就算一開始改善了，過沒多久，惡習仍會復燃。唯有抓到問題根源，才能徹底改變。

認識壓抑，重新定義困擾

生活中許多覺得困擾的事、想處理或改變的習慣，裡頭可能都有壓抑在作祟。我們可以一邊練習整理自己遇到的困擾，試著理解每個行為背後的「目的」，進而找出藏在其中的壓抑。

以小美為例，她遭遇的狀況，可以整理如下表：

情境 （發生什麼事）	她在壓抑什麼	她壓抑的方法	最終的結果
被老闆罵	怒氣	暴飲暴食	怒氣變成體重
被主管盯	緊張	讓自己看起來不緊張	工作無法專心
明天要上班	沉重感	一直追劇，停不下來	太晚睡，結果上班打瞌睡

不管是暴飲暴食、看影集晚睡，還是試著讓自己看起來不緊張，雖然這些「動作」不一樣，但動作背後的「目的」都是一樣的：就是不想面對自己內心的不舒服。這便是壓抑。

交換彼此的故事

本書將逐步帶領讀者認識「壓抑」，協助大家從自己身上找出壓抑的線索、挖掘壓抑的原因。當然，也將提供大家練就一身「不壓抑」的具體方法。

許多本書討論的狀況，其實在大家身上多少會發生，我無意邀讀者對號入座。反過來，我希望你能用自己切身的經驗，來跟書上的內容對話。同時，本書提供的知識，雖然經過科學研究證實，但較適合當作「一般原則」。畢竟，每個人的經驗都是獨特的，書裡的觀點是否適合你，需要你親自思考、理解，乃至於實驗才知道。在你的生活世界裡，你才是自己的專家。

為了鼓勵大家「實作」，本書設計了大量的練習題。需要你親自觀察、思考自己身上的壓抑。多數題目都沒有標準答案，你若願意練習，將對壓抑有更多瞭解。

準備好了嗎？請準備好筆、觀察的眼睛、好奇的心，一起踏上認識壓抑的旅程。

改掉你的壓抑習慣

請思考一下你目前生活中，最想改變的三個習慣是什麼？

1. _____

2. _____

3. _____

參考小美的案例，想想看，上述想改變的習慣裡，有沒有壓抑的身影？

_____

_____

下面是幾種可能藏有壓抑的狀況。閱讀後，將與自己狀況相符的打勾。想想看，為什麼這些狀況裡面可能藏有壓抑？

☐ 拖延行為	☐ 閃避人群、獨處、封閉自我
☐ 暴飲暴食	☐ 從生氣變成暴怒
☐ 晚睡	☐ 明明該專心卻一直神遊
☐ 沉迷在遊戲／網路世界	☐ 從罪惡感變成羞愧感
☐ 抽菸／喝酒解憂愁	☐ 一直回想某件事停不下來
☐ 擔心大小事	☐ 一直做某件事來讓自己感覺
☐ 遷怒	舒服一點
☐ 想哭但是哭不出來	☐ 情緒麻木了

壓抑無所不在

不管是在工作、人際關係、家庭上，只要我們有感覺、有思考，壓抑就可能存在，讓我用幾個情境來舉例。

職場中的壓抑：情緒勞務

空服員阿鏵每次出勤後，總有種被掏空的感覺。需要好好睡上一陣子，才感覺得到充分休息。空服員工作確實累人。除了身體的累以外，也讓人心態疲憊。工作時間裡，都得處於待命狀態。除了服務乘客的各種需求，還有一個任務：笑臉迎人。

阿鏵說，剛開始工作時的微笑多半是真心的。不過入行久了之後，感覺自己對笑這件事變得有點痲痹。每次飛機落地，送乘客離開後，自己反而「皮笑肉不笑」了。

這種狀況不只出現在空服員身上，提供服務的職業像是客服員、公務員、服務生等都可能遇到。這種工作性質又被稱為「情緒勞務」。意思是，受雇的職員需要「控制

自身的感覺，（主要是）笑臉迎人，以使被服務者感到舒適」。

　　找到壓抑了嗎？沒錯，這是一種典型的情緒壓抑。工作中難免有些環節會引發我們不愉快的心情。空服員除了要克服時差，還得服務動輒上百位需求各自不同的乘客。在這種情況下，還得按捺心裡的不舒服與疲憊，展現甜美的笑臉，維持一定的形象。也難怪，除了身體累，心理更累。

　　以空服員為對象的研究訪談發現，長期展現微笑，壓抑情緒之後，很多空服員表示，慢慢對自己內心的感覺有股陌生感，甚至不太信任自己的感覺。這很可能是長期壓抑後的「麻木」狀態。我們對自己的心聲感到陌生，有時甚至聽不見這些聲音。

生活中的壓抑：每晚擔心失眠，反而真的失眠

　　小張退休了。過去生活充實而忙碌，每天回家後吃飯洗澡，跟家人聊天、看電視。時間一到，倒頭就睡倒也不難。但退休後的生活空白變多了，剛開始還能找些事來打發，後來實在不知道要做什麼，白天打盹變成了他的習慣。

　　可能是因為白天睡太多，晚上要睡覺時，小張覺得自己像在煎魚，常在床上翻來覆去睡不著。失眠時，不禁想

起朋友提到：「失眠對身體健康百害而無一益。中年後睡眠更是重要，睡不好是萬病之源啊！」這種念頭讓小張更煩惱了，愈煩惱愈睡不著。他在心裡叫自己別想這麼多、快點睡、不要擔心。但這種內心喊話似乎沒什麼效，愈不去想，愈是一直想。

壓抑常會有反效果。就算有效，也很短暫。不少失眠個案曾說，「失眠」兩字是他們的禁忌。好像提到了就會發生，那晚就睡不好。研究發現，對「失眠」的高度緊覺，會使失眠患者更壓抑與失眠有關的想法；但這樣做反而讓失眠變得更嚴重。

不光是失眠，像是憂鬱、焦慮、衝動、情緒不穩定等相關心理困擾，都與壓抑有關。倘若我們能學會健康的處理壓抑，就能減少這類困擾發生或惡化的機會。

情感中的壓抑：為什麼不說出真心話

小溫、小吳兩人穩定交往一陣子了，但他們還是沒有找到「好好吵架」的方法。對他們來說，每次吵架的流程幾乎都是：小溫抱怨小吳哪些地方沒做好。小吳覺得對方碎念、嘮叨，內心雖然激動、滿腹委屈，但害怕自己情緒上來使場面失控，所以選擇沉默。小溫對小吳的沉默非常反感，認為這代表他不在意彼此的關係，想到這點，她變得更激動。就這樣，每次吵架都會從小火花變成大爆炸。

重點是，也吵不出什麼有幫助的結論。

在親密關係裡，這種現象很常見。研究親密關係的學者高特曼（John Gottman）稱這種現象為「築牆」。築牆也與壓抑有關。沉默的人心裡並非沒情緒、無話可說，而是因為某些理由選擇壓抑。常見的理由像是：擔心自己把情緒展現出來的後果、擔心說出真心話會傷到對方、害怕衝突等等。不過我們也看到，壓抑無法平息彼此的怒火，也無助於溝通，反而在兩人之間築起一道牆，阻礙互相了解。

壓抑時，彼此的溝通是「片斷」的，許多重要資訊不見了。當我們願意適當表達被壓抑的想法，才有機會知道：原來對方不會因此受傷，原來對方並不覺得我的情緒是不對的。更重要的是，只有說出口，對方才有機會知道你真正的想法，進而開啟良好溝通的大門。

戴上解壓的眼鏡思考

- 就你目前所理解的壓抑，腦海中有沒有浮現哪些人物（無論是真實的親朋好友，或者是戲劇、電影、小說、歷史人物等）、哪些職業類型的人，是你認為可能在壓抑的？你觀察到哪些特徵，而覺得他們可能在壓抑？

- 隨意點開新聞報導，能否從中聞到壓抑的味道？若用壓抑的角度來思考報導內容，可以得到什麼新觀點？

- 你覺得自己是壓抑的人嗎？如果是，哪些原因讓你這麼想？從今天早上起床開始到現在，在哪些人、事、時、地，你曾壓抑自己的感覺？

- 回想一段最近與他人的溝通。有哪些情緒、感覺或想法，是你沒有傳達給對方的？你為什麼這麼做，是出於什麼考量？

壓抑不讓我們
做自己

「做自己」一直都是很常見的「勵志口號」。不過，它既然會變成一種口號，就表示做自己並不容易。

做自己的阻礙是什麼？一開始，阻礙多半來自外在環境。比方說在一場嚴肅的會議裡，不能展現自己搞笑的一面，必須壓抑某些內心的感覺或想法。不過，短時間壓抑還不至於會對生活造成影響。這種健康的壓抑出於「有彈性的選擇」，我們知道自己正在壓抑，且在情境轉換後（如會議結束）又能回復原本的自己。

做自己另一種更大的阻礙來自每個人在成長過程學到的規則。剛提到，開會時不能嬉笑怒罵，這個規矩是我們小時候學來的。但成長過程中，我們也很可能學到某些不再適用的規則。若完全服從這些過時的規則，勢必常常無法做自己。這時候的壓抑往往不是出於自己當下的選擇，也較沒彈性。

傳統文化並不鼓勵男孩子哭泣，我們常聽到大人說

「男孩子不要哭」，或者「你再哭我就教訓你」這樣的說法。這種經驗的累積，會使人建立「哭泣＝不好的」這樣的規則。長大後，我們一難過就會壓抑。

由於成長過程中學到的信念和規則對壓抑影響深遠，我們會在後續章節帶大家去找出自己心中的信念與規則，釐清這些規則與壓抑的關係。

被自己放棄的第一志願

壓抑之後，我們很難做自己，也常常不認識自己。那些被我們壓抑掉的經驗，常常是我們「認識自己」的素材。唯有看見那些經驗，才可能替自己做出好的決定。

小華要升大二了。雖然現在讀的科系念起來得心應手，但他念得不太開心。「這是我要的嗎？」他不知道，也不願去想。大考後選填志願時，為了讓爸媽開心與放心，他還是把最愛的「電影與戲劇創作系」從志願中拿掉，按照父母的期待，改填上父母認為未來好找工作的科系。

事情過了很久，平常也不會特別想到這段經驗，但在網路上看到一些學生創作的戲劇作品時，內心還是有股矛盾的感覺。「其實現在讀的科系也不錯，念久了就會喜歡。」每當矛盾時，他就這樣想。不過這種口號式的安慰喊了好久，是否成功扭轉心裡真正的嚮往，他也很清楚。

幾年後他畢業了，確實找到一份穩定且薪資優渥的工作。以外人眼光來看，小華的生活還不錯。在跟小華初次諮商碰面時，他開口的第一句話是：「這是我想要的人生嗎？」

＊＊＊

　　壓抑自己的夢想，一開始是出於善意與愛，不想讓父母擔心。不過，忽視內心的聲音，卻也讓自己步上迷惘。當然，並不是說他的決定是錯的。或許這是「當時的小華」所能做出的最好決定了。

　　如果在第一時間就（不自覺地）壓抑自己的真實想法，也就表示，我們把原本有機會出場的其他選項跟著刪去了。

　　不說真心話，背後必然有些原因。在小華開口前，我在心中列出各種假設。也許，小華的父母很權威，小時候的他就認為「把想法說出來，父母也不會聽」。或者，小華曾聽信自己內心的聲音做決定，但結果不如預期，導致他對自己的心聲抱持懷疑。

　　我們問小華：「假設有時光機，可以回到填志願的那幾天，若你當時誠實向父母說出自己真正的想法，那會發生什麼事？」

沉默片刻的小華說：「我很怕父母會因為我的決定大吵。」他想起小時候的一段經驗：「我還記得很小的時候，有一次父母大吵到快離婚。那次我在房間一邊哭，一邊聽著他們吵架，發現他們都在討論我。我已經忘記他們具體在吵什麼了，只覺得爸媽會這樣大吵，一定是因為我哪邊沒做好，都是我的問題。」

我們花了一些時間，讓小華回想這段經驗，引領他重新體驗小時候感受到的無助。在充滿信任與足夠安全的環境下，**我們可以練習重新找回自己曾壓抑住的經驗，試著理解當時我們為何壓抑。最後，我們可以把這些聲音重新拿出來「傾聽」，理解它想告訴我們的話。**

小華繼續說：「我很想阻止父母繼續吵，可是小朋友哪知道要怎麼做，何況我又覺得是我的問題。父母後來雖然和好了，可是從那個時候開始，我就盡量聽從爸媽的決定。」

隨著諮商進展，小華做了新決定。他沒有立刻辭去現在的工作。腦力激盪後，我們找到既能兼顧現實、又能守住夢想的第三條路。他決定利用週末空閒，報名電影短片的腳本剪輯課。過去大學累積的電腦專業其實也沒白費，他在學習剪輯時如魚得水，學得比其他人更快。

故事發展到這裡，小華後來有沒有真的往這條路繼續走，我們不得而知。但相信開始傾聽自己內心聲音的他，

更可能朝自己理想的路途前進。

雖然未來壓抑仍會發生，不過，每次面對壓抑的時刻，都是我們做出新選擇的機會。好好處理壓抑，聽見真實的心聲，找回做自己的力量，人生才不會留下太多遺憾。

處理壓抑，請帶上好奇心

壓抑潛藏在華人文化之中，所以，只要帶著敏銳的觀察力，通常可以從身邊找到許多壓抑的身影。假想某天，你的好友來找你訴苦，但他只告訴你：「我好煩……但我不能多說。」你心裡肯定覺得怪：「為什麼不能說呢？」但若以壓抑的角度往下思考，我們還能好奇許多事情：

- 既然覺得煩，為什麼不說？背後是否有什麼隱情？
- 會不會一開始他想說，但後來因為一些理由，他選擇不說了？
- 會不會他其實不知道該如何說？也就是他「不會」表達，而不是「不想」表達？
- 會不會因為一些考量，他覺得自己「不該」說這些事？

這種抽絲剝繭的過程，可以打開我們思考的可能性。

曾有人打趣的說：「心理學家的專長，就是把簡單的事情變複雜。」其實沒錯，在處理人的時候，我們深知「人類的複雜性」。練習保持好奇心，放下預設的心態，確實有其必要。即便只是幾句簡單的話、一個平凡無奇的現象，如果能帶著耐心往下挖、多想一點，就有機會發現底下藏著不少有意義的訊息。

＊ ＊ ＊

- 事業家務壓力大，藝人台上淚崩：「還要我怎樣？」
- 成功造型師鼓勵年輕人：要想成功須得忍耐
- 哈里王子壓抑情緒二十年，覓精神科醫生協助

看看一些新聞標題，你會發現壓抑不只藏在互相傷害、情緒失控裡，也藏在追求卓越、邁向成功裡面。往往就是因為我們太會壓抑，長期累積在內心的能量一口氣爆發，才讓後果這麼難收拾。

學習「解壓」時請記得：事情不能只看表面。如果只停留在事件的「結果」，大概很難找到任何啟發，甚至會感到絕望。我們能做的是：重回故事，深入其中，理解故事為何如此發展，壓抑扮演什麼角色；如此一來，更能找到未來調整、改變的著力點。

認識五種壓抑
的類型

壓抑的定義是：對自己的思想、情感、感覺等內心經驗，用各種方法，試圖加以禁止、抑止或限制。請填下面這份問卷，初步認識自己常用的壓抑類型。

你是怎麼壓抑的：「壓抑的How」問卷

閱讀以下描述，依據自己同意的程度選一個分數。題目都沒有標準答案，只需要依照自己的狀況來回答。從 1 到 6，分數愈高表示你愈同意這樣的說法，分數愈低表示你不同意。

1=強烈不同意　　2=中等不同意　　3=稍微不同意
4=稍微同意　　　5=中等同意　　　6=強烈同意

1. _____對於我在意的事，我願意冒著風險投入，即便可能會感覺不舒服。

2. _____ 要我說出腦中現在的感受，像是：我在想什麼、我

的情緒或感覺，是一件困難的事。

3. ＿＿＿＿如果我發現現在的場面讓我不太舒服，我很擅長把自己從此時此刻抽離出來，在心中置身事外，變成局外人。

4. ＿＿＿＿如果腦中有個不愉快的回憶或感覺，我會想盡辦法消除它。

5. ＿＿＿＿把負面想法轉換成正面想法，是處理心事的好方法。

6. ＿＿＿＿若無法把不好的情緒調整成好情緒，表示這個人EQ不高。

7. ＿＿＿＿當我想起一些很讓人不舒服的事情時，我會盡力把這個念頭趕出腦海。

8. ＿＿＿＿不開心的時候，我會做點別的事情，讓自己分心、躲在裡面，像是喝點酒、看電視／影集、大採購或大吃大喝等。

9. ＿＿＿＿我對自己的情緒十分熟悉，對情緒變化也很敏感。

10. ＿＿＿＿如果知道做某件事會讓我不舒服，那我會盡量避免去做，或直接放棄。

計分方式

在下表中，依照格子裡的題號，把分數填進去。第1題和第9題要反向計分（也就是用7減去你選的答案）。完成後，請把「直行」的得分加在一起，可以算出五種壓抑類型的得分；如第3題、第8題分數相加的分數，就是「視而不見型」的分數。五類分數算完，可在下方的折線圖區，標記分數點，畫出你的壓抑曲線。

¹ 3→4	² 5	³ 2	⁴ 3	⁵ 2
¹⁰ 3	⁹ 3→4	⁸ 2	⁷ 3	⁶ 3
搞消失型	斷線型	視而不見型	用力趕走型	改頭換面型
7分	9分	4分	6分	5分

```
12
11
10
 9          ●
 8
 7   ●
 6                        ●
 5                              ●
 4              ●
 3
 2
 1
```

1	2	3	4	5
10	9	8	7	6

搞消失型	斷線型	視而不見型	用力趕走型	改頭換面型
分	分	分	分	分
12				12
11				11
10				10
9				9
8				8
7				7
6				6
5				5
4				4
3				3
2				2
1				1

每個人的壓抑剖面圖都不一樣，從圖中可以看出自己最常壓抑的幾個方法。接著，我們來介紹這五類壓抑。

❋ A. 搞消失型

- 上台演講是小瑞的夢魘，為了避開上台的「驚恐感」，所有能躲掉的會議他都不出席。這樣一來，他就不用感受那種讓人不適的感受了。不過好景不常，新來的主管宣布，每個職員都要輪流上台報告。
- 大觀看著眼前的to-do-list（待辦事項的清單），呈現放空狀態，心想：「也太麻煩了吧！前三件事都要讀一堆東西，煩死了。唉，下禮拜再開始弄吧。」於是他拿起了手遊，一玩就是三小時。

　　知道去了某地、做了某事之後會很不舒服，所以選擇再也不去那些地方、不遇到某些人、不做某些事，這種壓抑很難直接發現──因為其實根本就還用不到壓抑，我們先搞消失了，那些不舒服完全沒機會出場。

　　乍看之下，搞消失還滿有用的。但若過度使用，反而會使我們的生活範圍愈來愈受限，我們開始有一堆事情不能做。同時，很多我們「閃掉」的人事物，其實也是我們在乎的對象。

　　在搞消失當中，有一類型極為常見，就是拖延行為。

一旦開始面對要做的事，心情就不好。為了不想要感覺差，索性先不去做。

除了生活範圍變得受限之外，搞消失的另一個後遺症是「逆襲」，我們遲早要面對那些我們不想面對的人事物。

☀ B.斷線型

- 小昶是大家眼中的淡定一哥，面對各種不合理的待遇，他總是笑笑的說：「沒事、沒事。」有一次，他莫名被主管罵了一頓，「颱風」過境，留下滿臉是汗的小昶，一旁同事看了都替他覺得冤枉，問他：「你還好嗎？」小昶依然笑笑的說：「沒事，我沒感覺。」

- 小霏交往多年的男友突然車禍逝世，歷經一年多以淚洗面的日子，她終於不哭了。朋友覺得小霏總算是走出來了，但她家人卻不這麼想。雖然她現在開始不會哭了，卻變得像是行屍走肉，沒有情緒、沒有感覺，對很多事情都不在意。「我什麼都不想去想了，我沒事了。」她說。

斷線型壓抑發生得很早，在遇到某事而產生感覺之前，這群人就跟感覺斷線了，感受不到這些感覺。習慣

使用**斷線型壓抑**者，常常不覺得自己在壓抑，反而會說：
「有嗎？我哪有在＿＿＿＿＿＿（生氣）？」需要他人提醒，才
會發現自己原來有情緒。斷線型壓抑者跟情緒是脫節的，
也常給人過分淡定的印象，好像天塌下來都沒關係。他們
還是有感覺，只是沒有「感覺到」這些感覺。

※ C.視而不見型

- 跟媽媽吵完架的小呂好生氣，不過，他知道拿球亂
  砸家裡一定又會挨罵。於是決定跑回房間，打開電
  腦，登入遊戲世界。幾分鐘後，他好像不煩了，開
  始想這次要怎麼組隊比較會贏，還拿起手機，丟了
  幾個訊息，叫朋友快點上線陪他。

- 這次聚會真是無聊死了，小芳心想，與其待在這裡，
  還不如去外面玩。但為了給主辦人面子，還是勉強
  自己待著。不過其實，小芳並不在「這裡」，她的
  心思跑到三週之後的日本之旅了，「好想快點去日
  本啊！」愈想愈興奮的她，臉上露出滿滿笑意，沒
  注意到有人正在講著最近的衰事。「王小芳，妳聽
  到我發生這些事，還笑得出來喔！」主辦人生氣的
  聲音把她拉回了現實。

視而不見如同字面意義，我們感覺不舒服，但假裝沒

看到、沒感覺到，或者透過裝忙、找事做、分心等方式，讓自己順理成章忽視那些感覺。視而不見時，我們讓自己置身事外，利用神遊、白日夢的方式來讓「身在心不在」。

✳ D.改頭換面型

- 「正向思考」是龍先生的人生觀。「妳的想法太負面了。」他總對杞人憂天的太太這樣說。被先生指責的太太，覺得先生說的挺有道理，努力試著把原本悲觀的念頭變成「光明」一點。一開始感覺是有好一點，但太太後來發現，那些負面想法好像更常出現了，「我的腦袋常常在開辯論賽！」

- 模擬考成績不如預期，小品對自己好失望。在家人關心之下的他，說著說著就哭了起來。看見小品哭泣，父母十分慌張，一時也不知道該如何回應，便急忙說：「別哭啦！笑一個，哭沒什麼用嘛！」接著便轉移話題，開始講最近生活中好笑的事給兒子聽。小品雖然還沒哭完，但因為不想讓父母擔心，便收起了沮喪的臉。

改頭換面比視而不見還要「用力」一些，只是這種方法其實依然沒什麼幫助。在改頭換面時，我們努力把負面感覺變成正面感覺，像是強迫自己正向思考、笑一個、別

想太多。或者，常常在腦海裡開辯論賽，甲方辯士覺得自己不好，乙方辯士則覺得自己很好，吵個沒完。

❋ E.用力趕走型

- 「太髒了、太髒了！」不知何時開始，小將變得過分潔癖。不管到哪裡，他心裡總在檢查是否乾淨衛生。當心中覺得環境髒亂時，強烈的焦慮感席捲而來。後來，他發現只要跑去洗手，就可以讓自己不再煩惱，化解焦慮。只是，一開始洗幾秒鐘就好，後來卻得洗個十幾分鐘，才能讓焦慮消失。

- 小眉又拿筆刺自己了，她知道這樣做不好，可實在忍不住。她真的好不舒服、好難過。強烈的憂鬱好像要把她推入黑洞般，她覺得自己實在招架不住。為了處理那憂鬱的黑洞，她發現讓自己感覺刺痛，反而能帶來短暫的解脫。

　　用力趕走型屬於更「用力」的壓抑類型，這群人不願意讓負面的感覺、情緒或想法停留在腦海裡，會花很多力氣嘗試各種方法，來跟這種感覺對抗，讓感覺消失。像是「規定」自己不去感覺、用近似強迫的方式來消除焦慮；極端一點，可能還會割傷、刺傷、燙傷自己，想透過身體的「痛」來壓過心裡的不舒服。

五種壓抑的歸納

同時將這五類壓抑放在時間軸上，可以發現它們的時序性。在不同時間點上，我們可能多少都會用到不同的壓抑策略。同時，許多壓抑策略之間，其實互相重疊。一個人可能同時使用「斷線」和「視而不見」的策略。另一個人可能一邊「用力趕走」負面想法，一邊讓它「改頭換面」。所以，在了解自己的壓抑時，不必太刻意對號入座。我們要盡可能熟悉各種壓抑類型，才能在自己壓抑時，有辦法意識到它。

根據下表，我們把「搞消失型」定義為壓抑方法的一類，因為它是發生在「壓抑還來不及發生」的時候，亦即事先透過逃避、拖延、迴避來讓不舒服的感覺沒機會出現的策略。

在進入不舒服的情境後，我們壓抑的方法是另一大類，包含：斷線、視而不見、用力趕走或改頭換面。其中，「斷線」又是稍微特別的一類，因為它是毫無所覺的狀態。而剩下的三類「視而不見」、「用力趕走」、「改頭換面」則比較類似，都是感覺到不舒服，但用不同強度的力道來壓抑。

還沒進入不舒服的情境	處於不舒服的情境裡			
搞消失型	斷線型	視而不見	改頭換面	用力趕走
避開、逃避、拖延各種會讓自己感覺不舒服的情境	在當下與自己的感覺失聯	當下覺得不舒服，但假裝沒感覺、分心	當下覺得不舒服，試圖把這種感覺變正面	當下覺得不舒服，努力、刻意趕走這種感覺

　　為了幫助讀者更容易判斷壓抑類型，用流程圖的方式來架構也很有幫助：

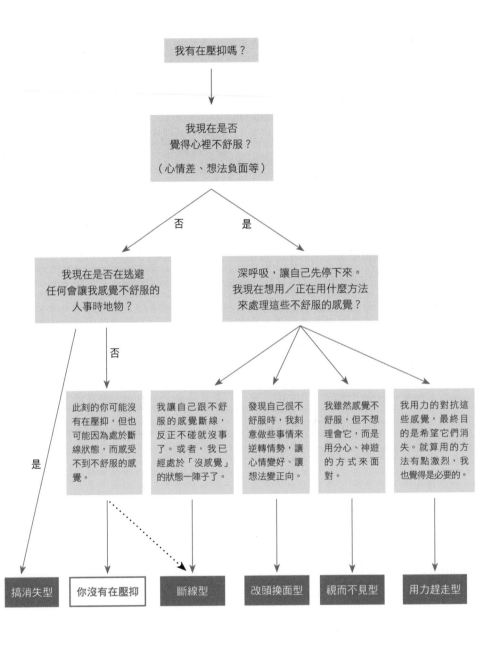

我有在壓抑嗎？

我現在是否
覺得心裡不舒服？
（心情差、想法負面等）

否　　　是

我現在是否在逃避
任何會讓我感覺不舒服的
人事時地物？

深呼吸，讓自己先停下來。
我現在想用／正在用什麼方法
來處理這些不舒服的感覺？

否

此刻的你可能沒
有在壓抑，但也
可能因為處於斷
線狀態，而感受
不到不舒服的感
覺。

我讓自己跟不舒
服的感覺斷線，
反正不碰就沒事
了。或者，我已
經處於「沒感覺」
的狀態一陣子了。

發現自己很不
舒服時，我刻
意做些事情來
逆轉情勢，讓
心情變好、讓
想法變正向。

我雖然感覺不
舒服，但不想
理會它，而是
用分心、神遊
的方式來面
對。

我用力的對抗這
些感覺，最終目
的是希望它們消
失。就算用的方
法有點激烈，我
也覺得是必要的。

是

搞消失型　　你沒有在壓抑　　斷線型　　改頭換面型　　視而不見型　　用力趕走型

閱讀至此，希望讀者對這五類壓抑能有基本的認識。在第二章，我們要討論的是，壓抑為什麼沒有幫助？過度壓抑後，狀況反而會變得更糟？

- 為什麼「搞消失型」壓抑乍看之下很有用，最後仍會被壞心情給逆襲？
- 為什麼「斷線型」壓抑好像保護了自己，卻讓自己的生命力變得枯萎？
- 「視而不見」、「改頭換面」、「用力趕走」三者有時候常常一起出現。不過，無論壓抑力道的大小，是主動出擊還是被動不理，效果都很差。當中的關鍵是什麼？

不過，在討論這些問題之前，我們還需要一點基礎知識，了解關於壓抑的「what」，也就是第二章的重點：我們在壓抑「什麼」？

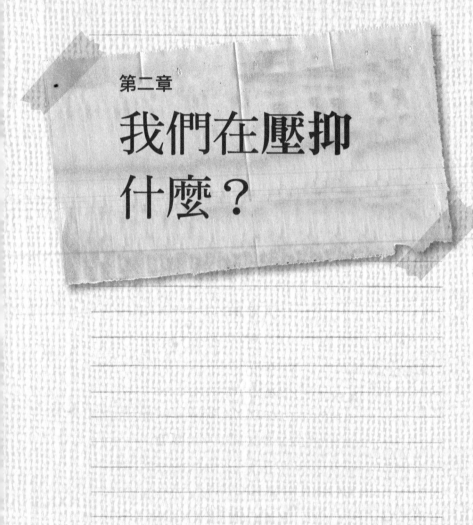

第二章

我們在壓抑
什麼？

很多時候，我們在壓抑的感覺，

其實比我們想的還要複雜。

學習處理壓抑的第一步，是知道如何拆解，

在我們壓抑的感覺中包含哪些元素。

比擬物理學的「能量守恆定律」，

心理學也有能量守恆定律，

它指的是：被壓抑的感覺不會憑空消失，

反而會尋找其他出口。

哪些東西被壓抑了？

　　很多時候，我們在壓抑的感覺，其實比我們想的還要複雜。學習處理壓抑的第一步，是知道如何拆解，在我們壓抑的感覺中包含哪些元素。

　　諮商時，我常隨手拿起桌上的飲料，詢問個案：「你覺得這裡面是什麼？」

　　「這是奶茶。」個案不疑有他。

　　「真的就只是奶茶而已嗎？」我再問。

　　「不是嗎？我看盒子這麼寫沒錯。」

　　「那我來公布答案……這裡面其實有：水、砂糖、全脂奶粉、糖漿、奶精、紅茶粉、鮮奶、蔗糖、香料、L-抗壞血酸。」

　　「蛤，怎麼搞得這麼複雜！」

　　是啊，處理壓抑就像這樣。當我們深入抽絲剝繭，才會知道在「一團感覺」裡，其實包含各種成分。替各種成

分「分類」之後，在面對這一團壓抑時，也比較不會束手無策。就像一腳踏入雜亂無章的大房間，把亂七八糟的東西分成桌椅類、小飾品類、餐具類、文具類等，再開始動手整理。先初步分類，再進一步處理各個部分，會比較容易。

相較於外面的物體（像是你眼前的這本書、手機），「壓抑物」（如情緒、感覺、思考等）存在於我們的身體，特別是大腦中。壓抑物是摸不到的，只能去感覺，而且需要「專心去」感覺，才有辦法找到。

在此，我們將壓抑物分成五類，各自介紹，並提供線索與引導，讓你有機會從自己身上找出這些內在的經驗。

1. 情緒：不只有喜怒哀樂

情緒是指在與環境互動之後，每個人產生的主觀體驗與感覺。除了喜怒哀樂之外，人類能感受與表達的情緒其實非常多元。

我們想壓抑的情緒多半是負面的，你可能不希望自己感覺悲傷、憤怒、嫉妒，但通常你不會排斥快樂或興奮這種正向情緒。不過，有時候我們也得壓抑正面情緒，像是在參與會議時，不小心發現前面的同事衣服穿反了，就不太適合當場笑出來。

認識常見的情緒

　　此時此刻，你有特定的情緒嗎？再往前回想一點，從今天起床到現在，你做了哪些事、碰到哪些人、去了哪些地方？在哪些時刻，你覺得自己「曾經」感受到情緒？那情緒是正向還是負向的？強度是強還是弱？或者，你也可以從下面的情緒小清單裡面回想，過去發生了哪些事，使你出現這些情緒。後面章節，我們會更詳細討論情緒。

常見情緒小清單			
正面情緒		負面情緒	
☐ 愉快	☐ 愉悅	☐ 憤怒	☐ 煩惱
☐ 高興	☐ 滿足	☐ 難過	☐ 焦慮
☐ 開心	☐ 舒服	☐ 恐懼	☐ 擔心
☐ 幸福	☐ 驚喜	☐ 罪惡	☐ 厭惡

2. 思考／想法：你在想什麼？

　　假設有一台神奇的電腦，可以與你的大腦配對連接，並且同步播出你現在正在想的事情。那麼，這台電腦播出來的文字（有時是畫面）就稱為思考、念頭或想法，也可以說是「內心的 OS」。

和情緒一樣，我們比較會壓抑負面想法，對於中性、無關緊要的念頭，多半不會特別在意。比方說，你不會努力壓抑「速食店」這個想法。不過，因為每個人的生活經驗不同，有些中性的念頭，可能也是某些人壓抑的對象。

　　比方說，李先生曾在速食店因為腳滑而把整盤食物散落滿地，他感覺丟臉極了。下次，再提到「速食店」時，因為跟丟臉的感覺連在一起，他可能會比其他人更想壓抑與速食店有關的想法。

捕捉腦海中的思緒

　　現在，請空出一分鐘的時間，練習觀察自己的思考。準備好後，請輕鬆但挺直的坐著，閉上眼睛，觀察自己的腦海裡有些什麼。你在想什麼？在對自己說些什麼？腦中有何畫面？

　　這一分鐘你在想的可能是：「我沒有在想什麼」、「這個練習有點奇怪」，或者想到等一下要做的事情：「我還有報告沒弄完」、「一分鐘怎麼這麼久」等。這些文字都是「思考」。

　　為了捕捉這些一閃而逝的想法，你也可以一邊閉上眼，拿著一支筆，把腦中出現的思緒，全部寫在下面的方框裡（一旦你更懂得「捕捉」想法之後，你會發現下面的方框有點

不夠用，這是正常的）。

把上一分鐘腦海想過的事情記在這裡（寫下來後，感覺會很不同）：

3. 記憶：調出之前的經驗錄影帶

記憶是把事情與經驗記在腦海，未來有需要時調出來參考的能力。這是人類非常強大的能力。剛剛在情緒的部分，我們曾邀請你回想今天起床到現在發生的事情，你在腦中勾勒出片段的過程，就是靠記憶在運作的。

雖然我們的大腦可以記得非常多事情，但是記住「所有事情」其實很不划算。（你可能還記得前面曾經提到小美，不過，你還記得她是在第幾頁出現的嗎？）因此，大腦傾向於優先記住它認為重要的事，但要怎麼判斷某件事情重不重要？其中一個依據是「個人主觀判斷」。比方

說，為了準備考試而K書時，你判斷比較可能會考某些內容，於是，你會花更多力氣記住它。

另一種判斷的原則，是剛剛提到的「情緒」。當一件事情伴隨的情緒愈強，大腦就愈容易把它記起來。有些人過去曾有嚴重車禍的經驗，當時的震驚情緒往往會讓大腦把車禍相關的畫面、細節記得特別清楚。類似事件還包括地震、被痛罵、被傷害等任何會激起強烈情緒的事件。顯然，大腦覺得重要的事，常常不是開心的事。事實上，回想這些記憶時，我們會十分痛苦，彷彿再次回到現場重演那段經驗。這時，我們就會想要壓抑這些記憶。

剛剛吃了什麼？

在腦海中回想你今天吃的「上一餐」：是在哪邊買的？在哪裡吃的？是誰幫你準備的？菜色有哪幾樣？你還能描繪出食物原本的樣子嗎？像是顏色、大小、色澤，或餐具的形式。腦海中能否浮現上一餐的樣子？

這個過程，就是在使用記憶。你呼叫出來的畫面或描述，就是記憶。在小學課堂上，老師請大家畫「我的家庭」時，我們也在提取記憶。

4. 身體感覺：一直在那兒，只是你通常沒發現

身體的感覺其實一直存在著，只是因為沒有太大的變化，所以很容易習慣，不會特別留意。但當極端或鮮明的感覺出現時，我們便會感受到，最好的例子就是「疼痛」跟「癢」。

久站或久坐是現代人常見的工作姿勢，包括長久使用電腦，導致身體僵硬不動、用力方式錯誤，或者長期站立但姿勢不良。一開始身體不會有太強烈的感覺，直到累積一陣子才會發現。但若仔細感受，便有機會發現「痠、痛、麻」其實已經存在許久。

還有什麼身體感覺需要被壓抑嗎？最常聽到的不外乎是痛覺了。不管是牙痛、頭痛，還是生理痛。有過類似經驗的人一定知道，這種痛往往不是我們能控制的。在某種程度上，吃止痛藥也算是對這類身體感覺的壓抑。

此外，身體感覺也與情緒息息相關。像是緊張時，身體會用各種方式讓你知道。對一個有上台恐懼症的人來說，公開演講前身體往往會口乾舌燥、發抖、心跳加快，甚至腸胃不適、想上廁所。這些身體透露的訊息，都可以稱為「身體感覺」。

簡短的身體「掃描」

現在，請你自在但筆直的坐著，閉上眼睛，感受一下身體的狀態：身體正傳遞出哪些感覺？它在告訴你什麼？它是緊張的、放鬆的？有沒有哪邊特別緊繃、會痠或痛？你的呼吸是快，還是慢？心跳的速度呢？留意雙手、雙腳、頭部、頸部、肩部擺放的位置。留意臀部、背部與椅子接觸的感覺。這些感覺，也許難以用文字描述，但都可以稱為「身體感覺」。

在做完這些對身體的觀察之後，可以練習用不同顏色與深淺的色筆，在下圖呈現你身體各部位的感覺。

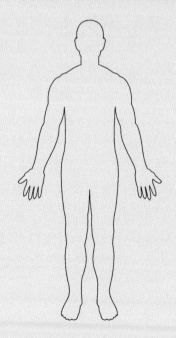

5. 行為推力：很想去做某事的那個「很想」

　　行為推力是指一種想要去做某事的感覺。比方說，在你眼前放一盤香噴噴、熱呼呼的炸雞腿，你可能會有股「想要大快朵頤一番」的感覺；走在馬路上，經過廚餘擺放的地區，你會有股想要「快速離開」的感覺。行為推力指的就是這種感覺，在實際行動之前（亦即尚未行動），一股「想去做（或不做）某事」的推力。

　　這種傾向在癮君子身上很容易觀察到。菸癮很兇的人，光是看到菸的廣告畫面，或是聽到菸的廠牌名稱（如七星、長壽），就會讓他們出現一股「想要來幾支菸」的行為推力。如果他剛好在戒菸，就很可能會想壓抑這股行為推力，以免自己又跑去抽菸了。另一個例子是減肥的人在面對食物誘惑時，也會產生「想大吃」的行為推力。而抑制「想大吃」的推力，也是一種壓抑。

　　認識壓抑物很重要。先找出我們在壓抑「什麼」，才更有機會好好處理這些本來會被壓抑掉的東西。知己知彼，百戰百勝。綜藝節目裡頭常有「恐怖箱」，主持人總設法讓來賓相信裡頭藏著可怕的東西。當我們不知道裡面是什麼時，我們常常很害怕。一旦主持人逐一把箱內的東西拿出來，排在桌上，我們的恐懼就會逐漸消減。

擋不住／有擋住的誘惑

回想一下今天從起床到現在，有沒有什麼事情，是你曾經想做但後來沒有去做的？又有哪些事，是你當下覺得非做不可，因此立刻就行動？在腦袋浮出「好想要＿＿＿＿」的念頭跟「真的跑去＿＿＿＿」的行動中間，就是行為推力存在的地方。像是在搭捷運時，你看到有人打了一個大噴嚏，頓時有股衝動，想立刻換一節車廂（不管有沒有換，重點是那股想換車廂的感覺）。這種「想做某事」的感覺，就稱為「行為推力」。

從自己身上開始觀察

光是知道這五種壓抑物還不夠，多多觀察、練習，才能把這些觀察技巧收為己用。當你手邊不太忙的時候，請多問問自己：我剛剛在想什麼（思考）？我有沒有什麼感受（情緒）？我現在身體有哪些感覺（身體感覺）？我有沒有回想起什麼（記憶）？我現在是不是有股想做什麼事情的感覺（行為推力）？多練習用這五大架構來觀察自己，我們就站穩了處理壓抑的第一步。

壓抑之下，
暗潮洶湧

　　剛才我們分門別類地簡介了五大類壓抑物。不過事實上，這五種壓抑物往往是一起出現的，而且經常互相影響。接著我們將用李叔叔的故事為例，請試著整理出故事裡的想法、情緒、記憶、身體感覺和行為推力：

　　四十五歲的李叔叔剛參加完親戚的喪禮。他全程都不太自在，一直隱約感覺自己很害怕。但他也知道，自己不應該害怕，畢竟去世的明明就是自己的親人。回家後，害怕的感覺少了些，但還是忍不住對今天的喪禮胡思亂想。因為驟逝的親戚其實也才快六十歲，平日規律運動、不菸不酒，卻因心肌梗塞而去世。

　　「死亡是什麼？」這件事李叔叔之前從未想過。但喪禮後，這個問題帶來了一種未知的恐懼感。喪禮時，他太太曾勸他，既然感覺不舒服，那就別硬逼自己去瞻仰往生者的遺容。但李叔叔覺得這是對死者與家人的尊重，還是

決意要去看親戚最後一面。不看還好，看了之後，那張臉就一直烙印在他腦海中。

　　睡前，親戚的遺容不斷浮現在李叔叔腦海。同時，對於自己身體健康的擔心也不斷浮現。李叔叔覺得自己心跳愈來愈快，身體也燥熱了起來。「唉，我看我今晚是不用睡了……。」他心想。這種煩躁的感覺，讓他很想現在就起身到陽台抽根菸，但抽菸這件事又讓他更想到死亡了。

　　以下是我們陪李叔叔整理的五類內在經驗，也包含一些我們的猜測。第一次做這項練習時，沒辦法找到全部的資訊是正常的，不用灰心。多加練習，將這樣的架構變成自己未來觀察壓抑的輔助。

- 想法：
  - 「死亡是什麼？」
  - 為什麼他這麼年輕、健康，還是會得心肌梗塞？
  - 我不該害怕，因為死去的是我的親人。
  - 我應該瞻仰死者最後一面，才符合禮節。
  - 擔心自己的身體健康。
  - 「我看我今晚是不用睡了……。」
- 情緒：
  - 在喪禮時，不自在的感覺。

- 瞻仰遺容時，很害怕。
- 對於未知的死亡，產生恐懼感。
- 擔心自己的身體狀況。
- 身體感覺：
  - 睡前感覺心跳愈來愈快。
  - 全身有股煩躁感。
- 記憶：
  - 回想起參與喪禮的過程。
  - 回想起往生者的遺容。
- 行為推力：
  - 想到陽台抽根菸的感覺（但還沒行動）。
  - 之後打算去做全身健康檢查（故事沒提到，是我們的推測）。

環環相扣，互相影響的壓抑物

死亡的想法帶來恐懼的情緒，而恐懼的情緒又使我們更難忽視死亡的想法，這是一種雙向影響的機制。回憶逝者遺容帶來恐懼感，也促使心跳愈來愈快，而心跳加速又強化了恐懼的感受。之前提到，恐懼感增強後，記憶便會發揮作用，把這些事情記得更清楚。在身心都不舒服的情況下，就會順勢帶出「來根菸解解悶」的衝動。

上述種種感受全部加在一起，整體感覺變得十分強大，讓人相當不舒服，也難以招架。在這種時候，自然會想壓抑這些不舒服的感覺，這其實是非常能理解的。壓抑之下，暗潮洶湧。想法、情緒、身體感覺、記憶和行為推力，彼此互相影響、互相強化，導致我們更想壓抑。

自由書寫

　　如果自認是個壓抑的人，該如何練習找出自己身上壓抑的蛛絲馬跡呢？使用「自由書寫」，或許是個好開始。

　　找到一個安靜的空間，準備一張紙、一枝筆，給自己一段特定的時間，約三到五分鐘，在這段時間裡，和剛剛捕捉想法一樣，把腦中浮現的想法全部一五一十地記在紙上。你一邊寫，腦海會一邊浮現新的想法，請不要打斷，也不要判斷這些想法的對錯、語句是否美麗，只需扮演忠實的記錄者。放任大腦說出一切想說的話，允許大腦在這段時間「口無遮攔」。

　　試著每天都花一點時間自由書寫，當你更熟悉這種書寫方式後，會發現自己許多壓抑的想法與感受都不小心出現在紙上。利用這種方法也能整理自己的思緒，整理完便會感覺輕鬆許多。

壓抑雖有用，但很短暫

我們需要妥善處理壓抑的問題，因為它基本上是沒有用的。既然沒有用，為什麼它仍是我們每個人常常使用的因應方法呢？這是此處要探討的問題。

思考一件事情「有沒有用」之前，我們得先釐清「有用」是什麼意思？事實上，適度壓抑對生活確實可能有幫助。我們用小朋的經驗來想想：

五分鐘後就是年度會議簡報。小朋帶領的團隊今年業績表現亮眼，就只差在年度會議上，把這好消息向所有長官和同仁報告了。雖然前幾天已經緊鑼密鼓地找了十幾個朋友練習過，但上台前的緊張還是占據了小朋的內心。

「深呼吸，不用緊張，沒這麼嚴重，你可以的，你做得到！」他在內心對自己信心喊話。然後在手掌上寫了一個「人」，作勢把它吞進肚子。嗯，奏效了，好像真的稍微不緊張了。上台吧，不管那麼多了！簡報時，雖然還是有些顫抖、小吃螺絲，但整體表現仍博得滿堂喝采。

面對眾多聽眾簡報，焦慮與緊張是必然的。對很多人來說，適度壓抑掉這種情緒，才有可能好好上台，不至於讓自己的心思都深陷焦慮而使得大腦當機。在這裡，我們

可以把壓抑視為一種保護機制，讓我們在短時間內暫時避開不舒服的感覺。

有些話不能明講是社會上的潛規則，而要能好好「閉上嘴」，也需要壓抑的幫忙。因此，壓抑的另一種用處，是確保我們的應對進退得宜。以約會為例，你還記得初次與對方碰面時彼此的拘謹嗎？我們大概不會直白地把內心的每句話都說出來：

「哇，他穿得真像公務員！」

「咦，她照片上的妝有這麼明顯嗎？」

這些內心獨白如果真的說出來，多半會惹彼此不開心，終結一樁可能的喜事。這種「抑制」的能耐也與壓抑有關。當然，也會有人無法適度壓抑，脫口而出某些話，這種人就常被貼上「白目」或「不會看場合說話」的標籤。

老天爺在所有生物體都內建了兩種天性：一是趨近快樂，這點很容易理解；二是遠離痛苦，不管是肉體上的痛苦（如疼痛），還是心理上的痛苦（如憂鬱、憤怒、難過等）。而我們剛提到，壓抑就是暫時避開心理痛苦的一種方法，也難怪我們每個人幾乎都自然地學會壓抑了。

不過，壓抑的效果其實無法持續太久。沒錯，關鍵就在於時間。短時間內壓抑是有幫助的，但若長期壓抑，就會衍生不少反效果。像剛提到的演講焦慮，研究發現，過

度依賴壓抑來處理緊張的感覺，反而會讓演講者太專心在「壓抑焦慮」這件事情上，導致上台表現失常。

又或者在感情中，不少情侶在認識的過程（交往前），很少對彼此說出自己真心的感受。開始交往後，總會納悶「你怎麼跟我想的那麼不同」、「你怎麼那麼多話之前都沒有跟我說」。

靈活運用壓抑可以暫時讓我們避開不舒服的感覺。但長期而言，壓抑往往容易失敗、失去彈性，無法讓我們避開痛苦，反而會帶來更多痛苦。試試下面的小實驗，用自己的體驗來理解「為何壓抑常常把情況愈弄愈糟」。

壓抑想法的實驗

請你看這下面的句子，然後**「不要」**在心裡回答：
「白日依山＿＿＿＿，黃河入海＿＿＿＿。」

好，我知道你失敗了，再給你一次機會：
「此地無銀＿＿＿＿＿＿。」

不意外的，你的大腦應該很俏皮地直接幫你「腦補」了空格裡原本的字。就算你刻意不要大腦回答。在讀到空格那

邊，還是會有隱約的聲音浮現。

　　你可能覺得這個練習有點不公平，那我們再舉一例：請回想一句你最近聽過最洗腦的歌詞，並在下方寫下來。

_____

_____

接下來，請給自己一分鐘的時間，在這一分鐘內只做一件事：請**「禁止自己想到這首歌」**的任何片段。準備好之後，閉上眼睛開始試試看。

你成功了嗎？
□ 我成功了。
□ 我失敗了。

　　如果你完全遵照剛剛的指示「禁止自己想到這首歌」，那結果必然是失敗的。研究屢次驗證了這件弔詭的事：明明我們很努力不去想某個東西，那東西卻會更失控地在腦海中揮之不去。這種諷刺效應（ironic effect）可以解釋為什麼壓抑想法必然失敗。

大腦的「問題解決能力」讓壓抑想法破功

　　對大腦來說，活著就是不斷遇到問題、解決問題。這種強大的功能，正是我們人類得以創造舒適生活、發明美妙東西的原因。

　　舉例來說，「今天起床肚子餓」，這是一個要解決的問題，而解決的終點是「吃飽飽」。大腦的問題解決模式是：根據過去經驗，找出一些可能的方案，然後選擇最可行的方案執行，並在過程中持續比較「現況」和「問題終點」（吃飽飽）的距離。若兩者距離愈來愈小，我們就知道問題正在解決，可以繼續進行。

　　畫出像下面這樣的「問題解決地圖」，左邊是起點（問題），右邊是終點（問題解決），大腦會一直比對行動後的位置，確認是否愈來愈靠近終點。

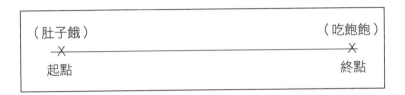

（肚子餓）　　　　　　　　　　　　　　（吃飽飽）

起點　　　　　　　　　　　　　　　　　終點

　　從起點出發，大腦設想了兩種方案，一是去7-11，一是去洗衣店。根據過去經驗，大腦比對兩件事：（1）從「洗衣店」到吃飽飽的距離；（2）從「7-11」到吃飽飽的距離。結果發現（1）洗衣店這條解決策略距離終點較遠，因此放棄此方案，而選擇執行（2）去7-11。

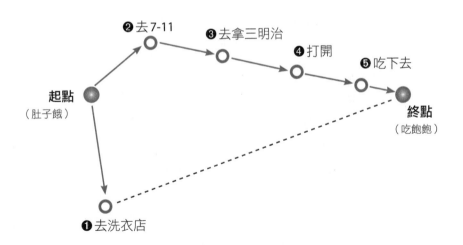

到 7-11 之後，大腦再次比對距離，發現新現況與終點更近了。於是，我們繼續行動「拿三明治」，再比對（離終點更近了）、「打開三明治」，再比對（離終點又更近了）、「吃下去」，再比對（抵達終點），宣告問題解決。

問題解決的過程當然沒有這麼瑣碎，因為大腦自動化的特性，能下意識的省略許多步驟。但如果把這樣的問題解決流程用在壓抑上，會發生什麼事呢？

以剛提到的白日依山_____為例，我們的起點是「白日依山_____」，終點是「不要去想到『盡』」。大腦先想出一個策略：「不然我刻意想『故人西辭黃鶴樓』好了」，採用分心法去想另一首詩，然後在心裡默背「故人西辭黃鶴樓，煙花三月下揚州」。默背時感覺還不錯，好像真的壓抑了原本的「白日依山_____」。

在看似順利時，為了確定我們有沒有順利解決問題，大腦會自動執行一件事（在此很要命），叫做「比對」。在比對時，我們要取得現況和終點的差距。現況是「故人西辭黃鶴樓」，而終點是「不要去想到『盡』」。一旦開始比對，你就會發現：完了，我又直接想起「白日依山盡」。

無論用各種方法，不管是背其他詩詞、刻意看窗外，只要比對一進行，壓抑就注定失敗。尷尬的是，在解決問題時，比對是大腦的預設值，是我們關不掉的程序。要怎

麼知道自己沒有填補「白日依山盡」？就是再一次回想起「白日依山盡」，然後問自己有沒有想到它。希望你已經理解為何壓抑想法注定失敗了。

壓抑「情緒」，
心情更複雜

　　阿烈又發飆了。這次是因為女兒在客廳玩電腦，很晚還不睡，講三次之後，他忍不住開罵了。雖說是「忍不住」，但他其實已經忍一陣子了，從晚上十點開始，忍到快十二點才對女兒破口大罵。女兒哭了，頭也不回的跑回房間，鎖上門，大喊：「我最討厭爸爸了！現在明明就是暑假！」

　　「又來了……我怎麼又罵人了！？」面對這種不願再見到的狀況，他的自責和罪惡感悄然浮現。「我為什麼又生氣了？我的脾氣是不是這輩子都沒救了？」還沒平息的怒火，加上後來的自責和罪惡感，阿烈覺得自己是個徹底失敗的爸爸。

　　在阿烈的故事裡，你看到哪些情緒？基本上，我們至少看到憤怒、自責與罪惡感。不過，「憤怒」和「自責與罪惡感」這兩類情緒，其實來自不同的地方，你發現了

嗎？

情緒	來源	特色
憤怒	因為女兒行為不符合自己的期待	因為「事件」而有的情緒
自責與罪惡感	因為自己有「憤怒」的情緒	因為「情緒」而有的情緒

溝通不良的時候，出現憤怒的感覺其實很自然。不過，自責與罪惡感的產生，卻是源於「自己對憤怒的反應」。如果阿烈有機會知道，憤怒其實是健康且正常的，也能用適當方式表達出來的話，自責與罪惡感這種情緒就沒有出場的機會。

因為對憤怒有壞印象，害怕自己展現憤怒，阿烈努力抑制自己的怒氣。壓抑失敗，怒氣爆發，罪惡感與自責也跟著跑出來。壓抑正是讓自責與罪惡感跑出來的原因。

處理一種情緒的難度，應該會比一口氣處理兩、三種情緒還容易些。在阿烈的故事裡，其實自責與罪惡感是有可能不必出現的；直接處理憤怒情緒，事情會單純許多。

來幫阿烈想想看，如何改寫故事，讓阿烈不需要壓抑，直接面對憤怒、處理憤怒。結果會有什麼不同？

根據故事內容，我們猜阿烈在十點多可能就「有點生

氣」了。如果他十點多即用「適當的方式」表達憤怒，這時憤怒的強度不會太強（跟累積三小時的憤怒相比），也比較可能好好溝通。阿烈或許會有點不高興的對女兒說：「有點晚了，是不是該去睡覺了，爸爸看妳這樣一直玩，有點不高興喔！」如果女兒這時察覺到爸爸的不高興，應該就會有所行動，可能說「再十分鐘就好」，或跟爸爸解釋現在是暑假，希望能延後睡覺時間。展開溝通後，憤怒就不再是當時需要被壓抑的情緒了。

「乾淨的情緒」與「髒髒的情緒」

試圖壓抑情緒而且（注定）失敗之後，會帶來其他負面情緒。舉例來說：

- 阿烈因為自己又「生氣」（情緒A）了。對此，他感到很「自責」（情緒B）。
- 上台前，小城因為自己又開始「緊張」（情緒A）了。對此，他感到很「絕望」（情緒B），認為自己真的很沒用，改不掉老毛病。
- 小蘇因為情傷而持續「難過」（情緒A），並對此事充滿「罪惡感」（情緒B）。因為朋友都說：「都已經一年了，你怎麼還不走出來？」

上面的 A、B 情緒，來源不同。因為一些事情發生而自然出現的情緒，稱為「初級情緒」（primary emotion），也就是上面的 A。而當我們不允許自己有這些初級情緒，或者試圖壓抑之後而衍生的情緒，稱為「次級情緒」（secondary emotion），也就是上面的 B。

初級情緒亦稱為「乾淨的情緒」（clean emotion），因為它們的出現是原始且自然的。次級情緒則稱為「髒髒的情緒」（dirty emotion），因為它們的出現往往會把原始情緒弄得更混亂、更複雜。上述例子可以整理成下表：

事件	初級情緒 A	對 A 抱持的想法	次級情緒 B
女兒一直玩電腦，不睡覺	生氣	我不可以展現怒氣	很自責
上台簡報	緊張	我又緊張了，練幾次都沒用	很絕望
情傷	難過	我一年都走不出來，讓朋友失望	罪惡感

若對情緒有正確觀念，不刻意壓抑情緒，次級情緒就沒機會出場。不少個案曾說「我快被自己的情緒給搞瘋了」。這種混亂的狀況，往往是因為初級情緒夾雜次級情

緒造成的。

　　因為壓抑而出現的次級情緒常常喧賓奪主，遮蔽了初級情緒。兩種情緒全部攪在一起，讓我們更難捕捉到原本可以處理的初級情緒。這邊整理了辨識這兩類情緒的簡要原則：

	初級情緒	次級情緒
順序	通常會先感受到	通常比較晚感受到
對象	是對事件的情緒反應	是對情緒的情緒反應
屬性	通常不需思考、很直覺	通常涉及思考
存在	通常只能存在一段時間	情緒會持續更久或更強烈
處理方法	允許、接納，適當的表達	找出背後的想法，探索次級情緒出現的原因
對等性	通常情緒反應跟事件程度差不多	情緒反應往往會比原本的事件程度還要大

次級情緒出現時，可能就是壓抑之所在

　　你已經了解初級情緒和次級情緒的差異了，這邊模擬了一些日常生活中常見的情況。請試著想想，表格裡的情緒反應屬於初級情緒，還是次級情緒？利用這些案例，平日也可多練習觀察自己的情緒反應，問問自己，這是乾淨的情緒，還是讓事情更複雜的髒髒情緒？如果次級情緒太多，很可能意味著你不太願意接納初級情緒，也就是壓抑很可能發生了。

事件	情緒反應	初級還是次級情緒？
1. 親友去世、離婚、與朋友絕交	悲傷、難過、哀傷	□初級　□次級
2. 覺得自己一直「胡思亂想」這件事很怪	擔憂	□初級　□次級
3. 得知好友罹患重病	難過、不捨	□初級　□次級
4. 自己沒有好好控制情緒	怪罪自己	□初級　□次級
5. 有人刻意對你說一些很過分的話	憤怒、不滿	□初級　□次級
6. 自己始終無法克服因獨處而感受到的不安	無望的感受	□初級　□次級
7. 你對某人做了會讓對方受傷的事	後悔	□初級　□次級

（答案：奇數題為初級情緒，偶數題為次級情緒）

三種壓抑方法失敗的主因

回到前面提到的五種壓抑方法。

問題解決時的「比較」動作，正是視而不見、改頭換面與用力趕走型壓抑會失敗的主因。不管你是假裝沒看見、用力想把負面感覺趕出去，或者修改成比較正面，在各種努力之後，你一定得問自己：「我成功壓抑那個念頭了嗎？」這麼一問，原本要趕走、修改、假裝沒看見的想法，立刻又回來了。

在情緒層面，對原始情緒視而不見、想把情緒改成正面的，或用力把情緒從腦中趕走，都注定失敗。因為原始情緒其實是不能控制的，就像被搔癢時叫自己不能有癢的感覺、牙痛時叫自己不要有痛的感覺一般。這是身體預設的提醒，我們只能決定要不要「做出反應」，無法控制要不要「感覺到這些情緒」。努力壓抑後，原始情緒還會引發次級情緒，讓事情更難收拾。

壓抑的後果

伍迪‧艾倫曾說：「我不生氣，我以生腫瘤來代替生氣。」這句話雖然無法用科學的因果關係檢驗，但研究的確證實，壓抑會對身心健康、工作表現造成影響。

研究者請參加實驗的人刻意隱藏、壓抑自己的情緒反應，比如說，請他們看恐怖片（像是《大白鯊》或經典鬼片），好讓他們出現恐懼情緒。但事先提醒他們必須壓抑任何感覺，不要讓外人知道。

結果，受試者表面上看起來成功壓抑恐懼情緒，身體卻騙不了人。研究者事先在他們身上接了儀器，用來檢視身體指標的變化（如心跳、膚電反應等，這些指標與情緒強度相關）。獲知要壓抑的受試者，他們的身體反應反而比另一組人（獲知不用壓抑）更劇烈而明顯。面對情緒時，身體似乎比嘴巴還要誠實。慢性疼痛患者身上也有類似現象，鼓勵患者壓抑痛的感覺，反而會讓痛的感覺更難忽視且維持更久。

身體斷線不表示感覺不見：斷線型壓抑

　　這類壓抑通常是不自主的。有別於上三種壓抑的「有意這麼做」，斷線型壓抑通常出於身體本能的保護反應。這種壓抑往往是下意識的、無意間發生的。只是，斷線並不表示感覺不見，只是一開始感受不到，或者很久之後才慢慢有感覺。

　　小虹小時候曾受到霸凌，雖然她告訴了大人這些事，但當時家人並沒有認真處理。因此，從小五開始，上學就意味著痛苦。當時的她時常做惡夢，想起那同學的臉、揶揄的話語。就算在白天，一想到要經過那些她曾經受到欺負的教室，就害怕了起來。某次被同學欺負時，小虹不再哭泣、吶喊，變得非常安靜，像木偶娃娃一樣，任由同學欺負。同學們雖然覺得奇怪，卻也不疑有他。只是，這種「沒反應的娃娃」反倒讓那些同學覺得無趣，因而停止了欺凌的行為。霸凌雖然結束，但之於小虹，那些記憶卻在夢裡無止盡的上演。她變得麻木，沒有情緒，有時甚至感覺自己與身體是分離的，「沒有感覺了」，這樣一來，就不會感到害怕、疼痛了，但一切也無所謂了。

　　這是一個創傷的故事，在故事裡，小虹突然與她自發

的恐懼情緒斷了線，這種「斷線型壓抑」一開始是一種保護機制，保護故事主角在無法承受那些感受時，可以先不去處理那些過度強烈的情緒。

斷線型壓抑常與過往的創傷經驗有關。事實上，創傷是很常見的，以美國調查來看，約有七成的成人在人生某個階段曾經歷過創傷。創傷可能來自於天災（地震、火災）、人禍（戰爭、恐怖攻擊、目睹殺人事件），也可能來自成長過程，像是受虐（言語暴力、肢體暴力、性虐待）、不當照顧或受到忽視、在學校或職場受到霸凌、排擠、目睹親人突然逝世等。許多看似「不要想這麼多，沒那麼嚴重」的生命經驗，都可能在一個人的生命中留下一些疤。

嚴重創傷後，我們很可能會出現「創傷後壓力症候群」（Post-traumatic stress disorder，簡稱PTSD）。不過，依據創傷嚴重程度、個人調適能力與年齡等，不是每個人都會符合「疾病診斷」，但相關症狀卻很常見。大腦對於情緒強烈的事件，記性會特別好。因此，PTSD患者時常會做惡夢，在白天回想起事發當時的畫面，情緒容易受到驚嚇。常常處於這樣極度不舒服的狀態，許多患者開始出現「斷線型的壓抑反應」。旁人眼中的他是情感麻木而疏離的；或者嚴重到符合臨床上稱為「解離」的標準，也就是極度的斷線狀態，一個人感覺自己「不是自己」，與自己

的身體不在一起。

　　一般情況下，我們可能沒有經歷過極度嚴重的創傷事件。不過，小時候若遇到一些狀況或危機，超過當時我們的能力範圍，無法解決，因而帶來強烈的情緒壓力，我們的身體也可能會不自覺使用斷線型壓抑做為保護。

　　斷線型壓抑後，身體其實還是有感覺，我們也還是有情緒；只是當下看起來毫無反應。斷線時，我們好像沒事。但只要碰到任何可以引發情緒反應的人事物時，情緒便會再度席捲而來。這就像是有些人會突然「暴走」一樣，本來看他都好好的，他可能也覺得自己沒怎樣。實情是，他已經承受了非常強大的壓力，因為斷線型壓抑一直在運作而沒有發覺。就在某天，因為發生了某件事正踩到他的點，斷線型壓抑的力道抵擋不住按捺許久的火山爆發，因而情緒失控、歇斯底里。

　　比擬物理學的「能量守恆定律」，心理學也有能量守恆定律，它指的是：被壓抑的感覺不會憑空消失，反而會尋找其他出口。故事裡的小虹，長大後變成一位過度敏感、疑神疑鬼、不易相信他人的人。即便小時候以斷線型壓抑來自保，那些暫時沒感受到的感覺，只是跑到未來，繼續影響著我們。如果讀者感覺自己出現這類因創傷事件而引發的斷線型壓抑，除了嘗試本書提供的方法外，也建議尋求專業人士（如精神科醫師、臨床心理師、諮商心理

師）的協助，早日處理這樣的問題，才能更完整的改善這類狀況。

壓抑失敗之後，還會補自己一拳

壓抑時，除了原本的初級情緒之外，我們的焦慮通常也會增加（這也算是一種次級情緒）。就像之前的阿烈，在壓抑失敗而大罵女兒之前的幾個小時，他一邊要克制憤怒，一邊擔心自己有沒有把憤怒克制好，這確實令人感到焦慮。

假設你正被老闆責罵，生氣的感覺出現了。你驚覺：「我現在可不能生氣啊！」於是，你把所有心力都用來壓抑怒氣。這表示，你可以專心聽老闆說話的腦力也被瓜分掉了。所以，剛才老闆在問你話，你可能沒聽見（結果老闆又更氣了）。當一個人很認真在壓抑時，當下反而沒有足夠的「大腦資源」可以妥善處理現況。

壓抑是很費力的事，很少會有人說：「我壓抑得輕輕鬆鬆。」我們聽到的通常是：「我拚命壓抑」、「壓抑累死人了」。但愈努力，反而愈失敗，這種結果讓人十分沮喪。

「我明明這麼努力控制情緒，卻還是失敗，我到底是不是太笨還是怎樣？」有些人會像這樣替自己貼標籤：「我就是脾氣差」、「我這輩子就是沒辦法管好脾氣」、「我沒

救了」。這就是小標所說的「壓抑失敗之後，還會補自己一拳」的意思。光努力是不夠的，還要留意「努力的方法」是否正確。不然挫敗感一直累積，將轉變成無助感，容易使人自暴自棄，未來更不可能有改變的動力。

不談戀愛，就不會受傷了嗎：搞消失型的壓抑

壓抑的後果除了可能使人自暴自棄外，也可能讓人變得自我封閉。如果知道做某件事後，「有可能」要面對不舒服的情緒，與其這樣，那還不如一開始就不要去做，這就是搞消失型壓抑的機制。

這就像是告白幾次失敗後，因為害怕被拒絕的痛苦，便把自己「關在」安全的地方，放棄談戀愛。把自己關起來，一勞永逸地避開所有痛苦。我們也許逃掉了「痛苦」的感覺，卻也同時放棄了「快樂」的機會。這是搞消失型壓抑最大的後遺症。

之前提過，人類行為的一大特性是趨樂避苦。趨樂是一種「前進」，去追求會讓我們高興、感覺有意義的事；避苦則是一種「閃躲」，是出於防衛而限縮的行為。當一個人把力氣都用在「閃躲」時，他的人生不會有充實的感覺。沒有留足夠的力氣給「前進」，去做真心想做的事，我們會不知道自己為何而活。

一個害怕被拒絕而把自己關在房間的人，如果不踏出

門交朋友，永遠沒有機會知道，世界上原來有人不會拒絕自己；也沒有機會知道，自己其實能夠承受被拒絕之後的不舒服。他無法理解不舒服其實是很正常的感受、不壓抑也沒關係。繼續躲在房間，看似安全，但其實所有心力都用在避苦。久而久之，他會把「被拒絕的不舒服」看得愈來愈可怕。

這跟看牙醫很像。你知道最近牙齒有點狀況，但不想面對看牙醫的恐懼，於是一直忍耐、壓抑、忽視。一個禮拜過去、兩個禮拜過去，牙齒痛的感覺還是在，而且「害怕看牙醫」的感覺愈來愈強烈。亦即，你愈努力逃避某種東西，那東西帶來的不舒服反而會隨時間而放大。唯有出門去看牙醫，正視內心的恐懼，你才有機會改寫那種恐懼與你的關係。

長期仰賴「搞消失型壓抑」，我們的生活會愈來愈限縮。有愈來愈多人、地方、東西、事件與情境，是我們不想接觸的。一開始是「不想」，後來會變成不願意接觸、不敢接觸、不知道如何接觸。因此，如斷線型壓抑一樣，通常在長期使用「視而不見、改頭換面、用力趕走型」這幾類壓抑失敗之後，我們接著會採取的策略就是搞消失型的壓抑。但可惜的是，跟其他壓抑一樣，搞消失型壓抑還是會失敗。

逃避背後的真相

回想一下，你的人生至今有沒有過「閃躲、不願面對」的感受？出於怎樣的感覺、情緒，使你不想面對某些人、事、地、物？試著透過下表，陪自己整理出一些頭緒。在改變前我們得先知道，自己正在用逃避的方式，壓抑掉這些人事地物引發的情緒與感受。

我在逃避的人事地物	背後想避開的感受	我用什麼方法逃避
游泳	下水很可怕（情緒） 害怕身體被水包圍的感覺、害怕鼻子進水（身體感覺） 想起小時候曾溺水的經驗（記憶）	拒絕參與任何玩水的行程 絕對不去游泳池與河邊
岳父	初次見面時岳父對我指指點點（記憶） 他讓我回想起父親對我的嚴厲與指責（記憶、情緒） 我怕我會忍不住想要跟他爭執或理論（行為推力）	每次父親節都叫太太自己去看岳父、岳母 看到岳父來電，請太太自己接電話

為什麼我們老是在壓抑

　　為什麼明知壓抑的幫助有限，我們卻還是很常壓抑？

　　不妨透過「時間軸」來思考。先前提到，壓抑可以讓我們「短暫的」遠離不舒服。更精確的說，壓抑可以讓我們「短暫且快速的」遠離不舒服。行為心理學指出，當兩件事發生的時間靠得愈近，我們愈容易把它們連結在一起。同時，先發生的事，我們會先記得。

　　如圖示，不適感出現後，我們「壓抑」（事件一），並快速得到「舒緩的感覺」（事件二）。因為事件一、二幾乎是同時發生的事，所以我們會得到這種結論：「壓抑帶來舒緩的感覺。」（其實是錯覺）

　　隔一陣子之後，我們才會發現，被壓抑的東西依然會逆襲，而且還造成其他不好的結果。但因為事件一（壓抑）與事件三（長期不好的後果）在時間軸上相隔太遠，我們很難將兩者連結在一起。

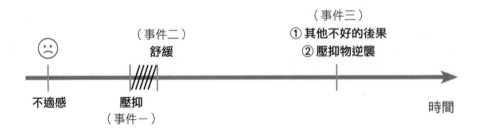

這種思考方式可以解釋很多現象，比方說：為什麼明知道有一個很大的報告要交，我們卻總是拖到最後一刻才面對？

　　一想到要寫報告，心情就開始沉重。想到要跑一堆地方、打一堆字，更煩的是動腦的感覺（不適感）。因此，我們決定不要面對，選擇壓抑（事件一）。接著，我們跑去看影集、逛臉書，享受當下美好的時光（事件二，舒緩）。不過，等到三個月後要交報告時，在短時間內生出一份大報告的痛苦（事件三，壓抑物逆襲、其他不好的後果）雖然很劇烈，但是因為離當初的事件一（壓抑，不要面對）太太太遠了，我們才很難就此記取教訓。這也是為什麼我們明知逃避、拖延、壓抑不好，卻常難以記取經驗的原因。期待讀者在了解這樣的原因之後，對於自己常常壓抑這件事，能放下過多的自我苛責。

　　想再次提醒的是，壓抑本身並非絕對不好，這是每個人都會使用的一種因應策略，在彈性而適度的使用下，並無大礙。我們會壓抑，是因為壓抑曾經有用。期待經過第二章的討論，大家能看清楚壓抑的機制到底是什麼、有何限制。

第三章

我們為什麼壓抑？

做自己是一種天性，誠實感受自己的感覺、

運用腦中的想法、體驗身體釋放的訊號，

是自然而直覺的舉動。

回想你曾經接觸過的嬰兒，

對他們來說，餓了就叫、痛了就哭，

是多麼自然的事。

到底，是什麼因素使得我們慢慢「學會」壓抑？

做自己的壓抑分析師

　　三度追女生被拒絕，曉宏十分挫敗。第一次失敗時，他對自己信心喊話，要自己愈挫愈勇，再接再厲。不過，連續被三個人拒絕已經到打擊自尊與自信的程度了。他覺得自己無法承受再一次的挫折，因而決定休兵。為了避免再次受傷，再次覺得「自己很魯」，他決定短時間內不再碰觸任何親密關係了。雖然朋友都說沒這麼嚴重，他還是決定「緩兵」一陣子。

　　休兵期間，他在網路上找到了不少慰藉。不管是玩遊戲、看影片，或就只是上上網，可以不必再次受傷的感覺真不錯。偶爾用用交友軟體，不要認真投入，隨意聊個幾句，感覺不好就換人。這樣的方式似乎也填補了一點內心的空虛。

　　相較於要追女生的「不舒服」，這種「舒服」有點難以逃脫，這次休兵就是一、兩年。在舒適圈待太久之後，他更不知道該如何跨出去。同時，舒適圈其實也沒有想像

中那麼舒適。時間一久，另一種「不舒適」浮現了——寂寞與空虛。打從心裡說，曉宏還是十分渴望一段認真的關係，這事他騙不了自己。但每當這念頭出現時，他仍不願正視，反而選擇喝酒麻痺自己：「我不需要談戀愛，一個人也可以過得很好。」

＊ ＊ ＊

如果知道自己正在壓抑，或者遇到一件與壓抑有關的事情，我們該如何陪伴自己思考與分析這個壓抑的過程？「行為分析」恰可做為剖析壓抑的架構：從外在世界開始（現實世界發生了什麼事），回歸自己的內在狀態（你內心的情緒、想法、身體感覺等是什麼）。

接著釐清三件事：你在壓抑什麼（what）？你為什麼壓抑（why）？你用什麼方法壓抑（how）？最後，評估壓抑是否有效（這個方法有用嗎？效果是什麼？）。

以曉宏的故事為例，我們試著分析他的壓抑：

✳ A1. 外面發生了什麼事

要點：請說出自己發生的事情。多用客觀描述，像記者報導一樣的公正。或者，把自己想像為恰巧待在同一空間的蒼蠅，用旁觀者的角度來還原「現實」。通常，用

「人、事、時、地、物」的架構來整理會比較容易。

如何判斷 A1 的資料是否客觀，可以問問自己：如果請另一個人來描述，他的描述會跟自己一樣嗎？此處的描述若分享給其他在場的人看，他們也會認同嗎？

- 人：自己
- 地：房間裡
- 時：晚上十點，看完一部電影《我就要你好好的》（Me before you）
- 事：剛看完電影，沒有特別做什麼事
- 物：桌上有出租店的 DVD 盒子

✳ A2. 裡面（心裡）發生了什麼事

要點：A2 有五個切入角度，包括「想法」、「情緒」、「身體感覺」、「記憶」、「行為推力」。由於是自己的內在世界，這部分描述通常是主觀的。就算處在一樣的外在世界，每個人內心世界的想法和感受可能極為不同。觀察 A2 時，重點是「誠實」。不用覺得有這樣的情緒或想法是不好的；面對壓抑，誠實是很好的催化劑。

- **想法**：拒絕一次就夠慘了，還被拒絕兩次、三次……我在系上都快沒臉見人了
- **情緒**：失望、沮喪、害怕
- **記憶**：回想起之前被拒絕的畫面
- **身體感覺**：無力、就是累
- **行為推力**：感覺被棉被和床給牢牢吸著

✳ B. 什麼被壓抑了

要點：這樣問自己：「A2這些感覺、想法裡，哪些會讓自己不舒服，不想面對？」這通常是我們壓抑的內容。另一個原則是，通常負面的想法、感覺與情緒，是我們比較常壓抑的。在整理B時，可以用「我不想要……」為開頭，繼續說下去。

- **我不想要**：感受「被拒絕的感覺」，實在很丟臉
- **我不想要**：「承認我其實很渴望一段關係」
- **我不想要**：「承認自己是怕受傷的」
- **我不想要**：再一次「回想過去被拒絕的記憶」
- **我不想要**：再一次感覺「失望、沮喪、害怕」

☀ C. 用什麼方法壓抑

要點：前面已經介紹過五種壓抑的方法，請你複習後想想你用了哪幾項，我們可能使用不只一種壓抑的方法。

- ☑ 搞消失型：退縮，決定不再追求任何親密關係
- ☒ 斷線型
- ☑ 視而不見型：玩遊戲、看影片、上網、喝酒
- ☒ 用力趕走型
- ☑ 改頭換面型：替自己洗腦：「我不需要談戀愛。」

☀ E1. 壓抑的短期效果

要點：壓抑之後，我們「立刻」得到怎樣的改變？壓抑帶來哪些「快速」的好處？短期效果通常是我們選擇壓抑的直接原因。

- 讓自己不用面對被拒絕的痛苦
- 喝酒、玩電動、看電影的時候很放鬆

❋ E2.壓抑的長期效果

　　要點：問問自己，如果繼續在壓抑的狀態下過日子，人生會變得怎樣？哪些層面會受影響？我們的人生會朝理想邁進，還是原地踏步，甚至倒退？

- 雖然不用面對被拒絕的痛苦，但是另一種痛苦「孤獨」卻出現了。
- 更沒機會認識喜歡的人，發展真正的親密關係，而這對我來說其實很重要。
- 有可能會網路成癮，或者變成酒鬼。
- 過度沉迷電影和遊戲，習慣晚睡，身體開始變差（好像更難追到女生）。

＊＊＊

　　以上便是初步的壓抑分析。沒錯，A到E的流程中少了D，這是接下來要討論的：「D. 為什麼要壓抑這些感覺？」

壓抑分析的練習

　　接下來換你回想，最近有沒有哪一陣子，你（或朋友）心情不好、覺得事事不順、心裡有煩惱或情緒不穩？那時發生了什麼事？你心裡有什麼情緒、想法、感覺或記憶？你在壓抑什麼？用什麼方法壓抑？這樣做的短期效果（當下立即得到的好處）、長期效果（繼續壓抑下去，一週、一個月、一年之後，人生會變成怎樣）是什麼？

- A1. 外面發生了什麼事：
- A2. 裡面（心裡）發生了什麼事：＿＿＿＿＿＿＿＿
  - 想法：＿＿＿＿＿＿＿＿＿＿＿＿＿＿＿
  - 情緒：＿＿＿＿＿＿＿＿＿＿＿＿＿＿＿
  - 身體感覺：＿＿＿＿＿＿＿＿＿＿＿＿
  - 記憶：＿＿＿＿＿＿＿＿＿＿＿＿＿＿＿
  - 行為推力：＿＿＿＿＿＿＿＿＿＿＿＿
- B. 什麼被壓抑了：＿＿＿＿＿＿＿＿＿＿＿
- C. 用什麼方法壓抑：＿＿＿＿＿＿＿＿＿＿
- D. 為什麼要壓抑這些感覺：（可先不填）
- E1. 壓抑的短期效果：＿＿＿＿＿＿＿＿＿
- E2. 壓抑的長期效果：＿＿＿＿＿＿＿＿＿

為什麼要壓抑這些感覺：
壓抑的理由

做自己是一種天性，誠實感受自己的感覺、運用腦中的想法、體驗身體釋放的訊號，是自然且直覺的舉動。回想你曾經接觸過的嬰兒，對他們來說，餓了就叫、痛了就哭，是多麼自然的事。到底，是什麼因素使得我們慢慢「學會」壓抑？

十分鐘的計程車司機體驗

想像一下自己化身為計程車司機，剛在路口載上一位乘客後，沒多久，你心中突然很希望剛剛上車的乘客快點下車。先別管此事會不會真的發生，讓自己沉浸在這個安排的劇情裡一陣子，思考一下為什麼會這樣。你可以當成腦筋急轉彎，簡單寫下：可能發生什麼事，讓我們這麼希望對方快點下車？

- 猜想一 _____
- 猜想二 _____
- 猜想三 _____

也許：

- 你發現這位乘客帶著水果刀，因此，他可能很「危險」。同時，你想起車上的警民連線系統之前壞了沒修。也就是說，你現在可能「沒有能力處理」這位乘客帶來的危險。
- 你發現他對你的開車技術意見很多，甚至帶著批評和指責。這種行為讓你「感覺很不舒服」，你也「不知道如何回應他」，所以希望他快點下車。

　　在剛剛寫的答案裡找找看，我們做了哪些「判斷」與「評價」？比方說：

- 「這位乘客」＝「很危險」
- 「我」＝「沒有能力處理他帶來的問題」
- 「他的批評和指責」＝「不舒服」
- 「我」＝「不知道如何回應」他

　　我們常常在評價各種事，而且非常快速，快到我們

不一定有自覺。評價之後，我們可以接著做出必要反應。看到路上疑似有蛇的蹤跡，我們會想都不想的直接避開。「蛇＝危險＝快走開」這種評價與判斷保護了我們。不過在這裡，我們要練習看見各種評價會如何影響我們的行動。

回到計程車的例子，如果你相信上面四個評價的話，自然會希望這位乘客快點離開。你覺得他很危險，讓你不舒服，而且你無法招架，不知道怎麼回應。拜託，快點下車吧。

現在，請把「這位乘客」換成你心裡的「情緒」、「想法」、「感覺」或「記憶」。如果你相信下述判斷的話，應該也會希望腦中的這些「乘客」快點離開你的大腦：

- 「負面想法、負面情緒」＝「危險、無法控制的」
- 「負面想法、負面情緒」＝「帶給別人困擾的、讓人不舒服的」
- 「負面想法、負面情緒」＝「我沒有能力處理」
- 「負面想法、負面情緒」＝「我不知道如何回應」

如果我們相信這些「評斷」，就愈有可能壓抑。怎麼說呢？

✸「負面經驗是危險的」

　　一個東西若是危險的，我們當然避之唯恐不及。若把「負面的情緒和思考」貼上「危險」、「難以控制」的負面標籤，我們就更會壓抑這些感覺。

　　終於要報告了，小明上台後緊張得要死，整個人陷入僵直狀態，腦袋一片空白，手汗狂流、腸胃攪動。知道自己嘴巴在動，但不確定自己到底在講什麼。這次報告之後，可以想像他未來在面對「緊張」這個情緒時，會抱持負面印象。如果在台上深呼吸半天，緊張都沒消退。小明也會認定緊張是「無法控制」的。這些判斷都會讓他未來在面對緊張時，採取壓抑的手段；或者用搞消失的方式來面對可能會引發焦慮的情境。（例如：「下禮拜要報告嗎？不好意思，我有事，要請假。」）

✸「有負面情緒或思考的人是弱者」

　　遇到問題或壓力，感覺不舒服是很自然的。不過，仍有不少人認為，因為自己的內心問題向他人求助，有損形象。特別是在性別刻板印象的影響下，男生通常較不願意承認自己遇到困難，也不喜歡表達內心的負面思考或情緒，擔心別人會因此瞧不起自己、不信任自己，或因此遭到拒絕。於是，透過各種「武裝」，盡可能讓自己看起來

勇敢而游刃有餘——壓抑情緒就是一種速成的武裝。

※「負面經驗會給人帶來困擾」

小美在捷運上大哭時，父母先關心的並不是她，而是其他乘客。「別哭了，大家都在看你喔！你這樣會吵到人家！」相信大家都有過類似經驗，當孩子吵鬧時，我們的目光確實會被吸引過去。這時，父母回應孩子吵鬧的方式，往往會影響孩子對「他所展現情緒」（此處指的是哭泣）的看法。如果孩子的印象是，哭鬧會帶給他人困擾、很丟臉，那他之後壓抑的可能性就會增加。

「難過」也常被認為會帶給他人困擾。亞洲國情多半習慣「報喜不報憂」、「家醜不外揚」。光是信奉這些俗諺，就足以讓我們不自覺壓抑憂傷了。不習慣講心事的華人深信，向他人訴苦會帶給人家麻煩，我們應該要自己解決。在人際相處上，壓抑反而是適切、圓融、成熟的做法。

※「表達負面經驗也沒人在意」

情境一：一個小女孩下課後跟家人討論自己在學校發生的事情，家人專注、用心的聽著她說，不時給予回應與支持。

情境二：一個小女孩下課後跟家人討論自己在學校發

生的事情，家人因為上班忙碌、下班後體力透支，雖然想聽卻一直恍神，讓女孩感覺自己的心事不受重視。

　　習慣壓抑的人，過去可能曾有過這樣的經驗：試著說出內心話、表達情緒與感受後，重要的人卻沒有給予回應，或是輕描淡寫帶過。或者，自己表達出來的情緒遭到否定，只換來不諒解，甚至引發爭執。一旦覺得自己的心聲遭到忽視、否定，我們難免會認為：「反正說了也沒用，根本沒人要聽。」

　　「哭什麼，哭有用嗎？」這句話乍看是威嚇小孩別哭的管教用語。但這句話同時也替「哭泣」貼上「沒用」的標籤。學習力驚人的小朋友會發現，只要不哭，爸媽就會高興，或者，就能得到自己喜歡的玩具或糖果。

　　因此，我們慢慢變乖，變成不哭不鬧、但跟內心情緒疏離的人。父母確實會比較高興，因為這樣的孩子容易管教。小朋友則可能在無形中建立這種信念：「哭出來是不好的，哭是沒有意義的。」然後漸漸養成逃避與壓抑的習慣。

安慰人時沒有幫助的話

思考下面這幾句安慰人時常出現的話，觀察看看，這些話與壓抑的關係是什麼：

- 你不要想太多。
- 你一定過得去的。
- 出門走走，別再想這些了。
- 笑一個吧！你的家人這麼擔心你。
- 看一下別人吧，你這樣已經夠幸運了。

✳「沒感覺比較方便」

「情緒化成不了大事」。對很多人來說，展現情緒是不利於成功的，「感性」變成追求效率的阻礙。這種信念在某些情況下是有用的。在部分職業中，適時壓抑與冷卻情緒是「發揮專業」的前提。像是醫師，經常需要面對生老病死的關頭，若持續處於情緒波動狀態，確實會影響理智思考與臨床判斷。不過，這種情感斷線狀態若過度運作、無法關閉，也將使理性感性失衡，讓人失去「人味」。

❋「我不知道怎麼處理負面情緒，我招架不住」

「不知道如何處理負面情緒或想法」，也是我們壓抑的常見原因。腦中一堆雜念、心情差到極點、回想起過去痛苦的記憶時，我們不一定知道要怎麼做。仔細回想，在國中、國小的健康教育課上，老師教我們保護眼睛，學習各種器官的功能和保健方法，卻鮮少提到「心情差」的時候該怎麼辦。

我們體驗到的情緒強度，一部分與基因遺傳有關。也就是說，有些人感受到的情緒浪潮，天生就比較高。他們常說：「情緒真是太可怕了，我承受不住。」也因此更可能壓抑。

這種稱為「情緒反應度」的概念，可以解釋為什麼同樣都是焦慮，但有些人的焦慮水平比較低，有些人的焦慮卻會把自己弄到癱瘓。別人的「緊張」是一個單位，他的緊張一出來就是五個單位。情緒反應度愈高，通常愈害怕情緒，覺得自己無法處理，因而更想壓抑。

❋「不知道該怎麼表達」或「害怕表達出來會怎麼樣」

有些人雖然感受得到內心的各種感覺，卻不知道如何表達，特別是不喜歡麻煩別人、不喜歡面對衝突的人。這些人很少說出內心感受，結果形成一種微妙的惡性循環：

很少表達→沒機會練習表達→不會表達→害怕表達→更少表達。

　　另一種促成壓抑的原因是，對於表現情緒後引發的狀況，不知道該怎麼處理，甚至認為表達出來會造成災難。「萬一我真的生氣，對方會怎麼想？我有辦法收拾善後嗎？我怎麼記得，以前每次生氣過後都是悲劇。我還要表達嗎？算了吧。」也有些人害怕表達之後把場面弄僵，或演變成尷尬的局面。這些都可能促成壓抑。

你對負面情緒的看法

　　看到下面這些詞彙時，你想到什麼？比方說，看到「悲傷」時，你覺得「軟弱」，覺得「難以承受」。試著看看這些詞彙，記錄你產生了哪些評價與判斷：

可能會讓人想壓抑的感受	這個詞本身給你什麼感覺？	一個展現出這些情緒／想法的人，可能是怎樣的人？	我覺得自己有能力處理這些感覺嗎？
憤怒／生氣			
悲傷／難過			
嫉妒／羨慕			
恐懼／害怕			
負面思考			
杞人憂天			

人際間的壓抑氛圍

✳ 直接學習

　　小于是小學三年級的男孩，有一次在學校被同學欺負，回家向媽媽哭訴。媽媽不但沒有安慰他，反而罵他：「男孩子怎麼沒事就哭哭啼啼的，你就是因為這樣才會被欺負！」自此之後，小于就在心裡告訴自己，哭泣是不好的，男生不應該軟弱、不該哭泣。

　　透過重要他人（不一定是爸媽，也可能是親友或師長）的管教或教導，我們會直接把這些對情緒的判斷記起來，內化成我們日後用來決定如何處理情緒、想法的依據。

✳ 間接學習／社會學習

　　小梅是小于的妹妹，她看到哥哥哭泣之後反而被媽媽責備，對哭泣也形成負面印象。在遭遇挫折、感受到難過的情緒時，她反而開始責備自己，怎麼可以難過，這樣是

不好的。她努力抑制難過，卻總是失敗。沒有人告訴她該怎麼面對難過。她開始害怕難過，覺得自己無法招架。

✳ 不經意的動作

　　長輩某些不經意動作背後傳達的訊息，其實小朋友都感受得到。像是，看到暴力份子互毆的新聞，家長隨口唸了幾句「教壞囝仔大小」後立刻轉台，雖然沒有明說，但「唸幾句＋轉台」的行為反映出他們心中的判斷：「暴力行為＝不好」。換個情境，若大人在看到「偶像劇裡戀人哭哭啼啼」時說：「哭成這樣是怎樣，太誇張了吧！」也可能讓小朋友在無形中塑造「哭＝誇張＝不好」的信念。

✳ 理性至上的社會

　　日常生活中，情緒常被貼上負面標籤。「情緒化」是不會自我控制，是責備。反之，「有淚不輕彈」很有英雄氣慨，是十分成熟的表現。不表露情緒是種美德，我們鼓勵大家展現理性，而非感性。

　　理性的重要性貫穿我們的教育。冷靜思考，避免衝動行事，以免造成誤會，是師長念茲在茲的教誨。然而，過度認同「理性至上」的觀點，反而會讓我們的行為缺乏彈性。壓抑情緒限縮了溝通空間，反而需要花更多力氣來替自己這個「爛好人」療傷。

☀ 維持關係的和諧與面子

東方文化重視人際和諧，顧好面子也很重要。不過，展露情緒很可能影響人際和諧與面子維持。職場研究顯示，男性主管若展現沮喪情緒，可能會失去下屬對他的信任。

情緒展現也可能造成他人困擾。一旦在成長過程中學會「以和為貴」的觀念，長大若表現出憤怒，就會自動連結到「破壞關係」、「傷和氣」的擔憂中。這類深藏文化裡的「中心德目」，也與壓抑有關。

☀ 互動對象的影響

在某些人面前我們可能比較壓抑，在另一群人面前我們則能自在表露情緒。他們可能是比較親的人，我們覺得對方懂我們，說出內心話也沒關係，而較能分享自己負面或脆弱的一面。但也有人覺得，反而是在面對親近的人時，更難說出真心話。

除了親近程度之外，權力與位階的差別也會影響壓抑。面對高權位者，壓抑通常是種相對安全的策略，能確保自己不會失禮，留給對方好印象。

❋ 社會習俗

「倫理、禮節、習俗與傳統」都是文化的一部分，是多數人希望自己遵從的生活準則。如「沒大沒小」的訓誡，就提醒我們不該對長輩直來直往，太直率展現自己，會留給人沒禮貌的印象。

華人也尊崇孝道，出於孝順，子女必須照顧年邁的父母。不過，照顧人的壓力其實不小，過程中必然會出現負面情緒。若我們過度被孝順的觀念給綁架，就可能會壓抑那些感受：不允許自己喊累，不允許自己感受或表達生氣、挫敗、壓力與沉重。

❋ 壓抑＝「成功」

心事是看不見的，除非有人願意說，不然我們其實沒什麼機會知道「別人是怎麼處理自己情緒的」。在普遍壓抑的世代，容易形成一種不正確的氛圍：「感覺大家好像都很能處理好自己的情緒。」當我們這樣相信，就會更擔心自己流露情緒或失控。

對於散播「情緒應該控制」這個想法，媒體、廣告「功不可沒」，我們常被某些廣告台詞或Slogan給「洗腦」了。「Don't worry, be happy!」（別憂愁，快樂點！）這句看似樂觀的台詞暗示：（一）請正向思考：憂愁＝不好，

快樂＝好；（二）我們應該、也可以控制自己的情緒。若深信這些觀念，選擇壓抑也很合理。

　　每個人都有他的情緒，就算表面看起來沒事，也不表示那等於「擅長處理情緒」。新聞裡的成功人士，往往都是自律且自制的。在事情上自律確實有其必要，但若將這樣的「成功之道」用在情緒管理，壓抑就不可避免了。

關於社會氛圍的反思

　　澳洲研究調查了近一百六十位上班族，詢問他們：「工作時，哪些因素最容易使你生氣？」調查結果是：被不公平的對待（44%）；發現工作上不道德的事，如謊言、偷竊、騷擾等（23%）；因他人工作能力低而被牽累受影響（15%）；不受尊重（11%）；遭受當眾羞辱（7%）。此外，研究人員還多問了一個問題：「生氣的時候，你會展現出來嗎？」結果發現，要看對方是誰。如果是面對低於自己職級的人，77%會展現怒氣；同輩則約58%；而若是對上級，則只剩45%的人會展現怒氣。

- 仔細思考一下家庭環境裡，有哪些規矩、準則或習慣，曾經讓自己感覺不舒服？為了盡力符合這些規則，你做了哪些努力？你曾因此壓抑過哪些感覺，只因為你認為這樣想是不應該的？
- 你是好面子的人嗎？是否非常在意維持人際的和諧？你是否覺得「展現情緒」會造成他人困擾、影響自己的面子？

第四章

破解：如何排解「壓抑」？

生活是這樣子的，

我們通常不能「選擇」要面對哪些刺激。

我們既無法選擇老闆，也無法逃脫升學壓力。

我們能做的，就是練就「做出更多好反應」的能耐。

此處關鍵的技能是「接納」。

接納不是另一種壓抑，也不是逆來順受，

而是你心裡是否願意面對這些正、負面感覺。

「宣洩」有用嗎？

出於直覺，「宣洩」似乎是破解壓抑的好方式。不過，科學研究是否支持這種說法呢？很久之前，心理學家確實認為，既然壓抑對身心不好，那提供一個不壓抑的宣洩管道，應該就能處理掉壓抑帶來的負面影響。第一個有這樣念頭的人，正是祖師級心理學家佛洛伊德。

佛洛伊德定義了「宣洩」（Catharsis）的概念，認為「將內心壓抑的經驗，透過具體行動釋放出來」，對人的身心健康有幫助。以「生氣」為例，如果持續累積怒氣，可能就像氣球一直打氣一樣；長期壓抑的後果就是早晚爆炸。因此，在治療時若能引導個案表達、展現自己的憤怒，就能反轉壓抑的不利影響。在邏輯上，這種處理方法看似正確，因此在歷史上確實被使用了一陣子。

後來，心理學開始走向「有幾分證據說幾分話」的

時代。相關研究發現事情沒這麼單純。宣洩怒氣反而會讓一個人「更容易」有這樣的情緒。他們找了一群沒有攻擊性的小孩，發給他們玩具（如槍械、刀子等暴力玩具），鼓勵他們在實驗室踢傢俱、破壞環境等，藉此展現不開心的情緒。之後，研究者追蹤這群小孩在家的行為，發現他們確實比較「不壓抑」了。不過，他們不壓抑的方法是增加攻擊行為，甚至比之前還要有敵意和攻擊性。研究者解釋，很可能是因為他們把宣洩這件事情「學起來」了。

以台灣員工為對象的研究發現，在工作時對同事展現怒氣之後，憤怒情緒不減反增。同時，除了處理憤怒的餘波之外，當事人還會變得憂心忡忡，一直回想自己剛剛犯的「錯事」，反而要花更多力氣去修補衝動造成的後果。

宣洩式的情緒表達，反而使我們對自己不喜歡的情緒（如生氣）「熟能生巧」，進而讓它更常出現。宣洩過後，反倒得更常面對那些負面情緒，有沒有覺得這種結果和「壓抑」其實很類似？

近幾年，網路開始流行「靠北ＸＸ系列粉絲團」，提供網友在網站上匿名釋放負能量。宣洩當下，感覺應該是不錯的。不過，這樣「靠北」完的舒服效果會維持多久，值得思考。「靠北」的時候，是不是又再次提醒自己這些狗屁倒灶的事情？過度沉浸在這些負能量裡，是不是反又增添更多無力感？同時，把所有力氣都用在靠北時，又還

剩多少力氣，可以去追求會帶來好心情的事呢？

「刺激」和「反應」之間

遇到事情，或者說，接收到一個「刺激」之後，我們會做出一些回應，用心理學的術語來說則是做出「反應」。這種「刺激—反應」的連結，是所有生物的本能。人類與其他生物的差異之處在於：我們是少數能在刺激與反應「中間」（也就是在做出反應之前）停留一段時間的生物。若我們能在「中間」停留久一點，就更有機會做出不同的反應。

不過，要能停留在中間久一點並不簡單。如果刺激是比較正面的（像是「看到麥香魚」），我們通常難以抵擋這個刺激帶來的「誘惑」，會想快速做出反應（把它買下來吃）。如果刺激是負面的（像是「被老闆罵」），想要待在中間，就得跟生氣的感受共處，更是件不舒服的事。因此，在刺激與反應中間，我們常做的事並非「待久一點」，而是「壓抑」。

壓抑後，我們得不到「刺激」提供的資訊，也聽不見自己內心的聲音。選擇宣洩則是另一種極端，我們被不舒服帶來的感覺給逼急了，當下決定速戰速決、聽直覺行事，快把事情了結；這種衝動決定，常常是不明智的。

刺激	中間	反應
被老闆罵	生氣、憤怒（選擇壓抑）	1. 持續壓抑：忍氣吞聲 2. 壓抑失敗：嗆回去
	不舒服、生氣（選擇待在這邊）	1. 尷尬看著老闆 2. 老闆發現自己情緒太過了，主動說抱歉 3. 詢問老闆在意的地方可以如何改善 4. 想到之前也有同事犯過同樣的錯，理解老闆為何這麼生氣

存在心理學家法蘭柯（Viktor E. Frankl）曾說，所謂的自由，乃存在於刺激跟反應之間。生活是這樣子的，我們通常不能「選擇」要面對哪些刺激。我們既無法選擇老闆，也無法逃脫升學壓力。我們能做的，就是練就「做出更多好反應」的能耐。此處關鍵的技能是「接納」。

舊的我	不舒服而壓抑 刺激 ─────────────→ 反應 或太順從內心的聲音而宣洩
新的我	接納內心的感受 刺激 ─────────────→ 反應 把感受當作參考，用價值觀做決定

不壓抑也不宣洩，而是「接納」

先來澄清接納的意思，千萬別把它誤會成另一種壓抑，把它跟「逆來順受」連在一起，或逕自解釋為：既然接納了，那就展現出來。這樣一來，不就等於是宣洩嗎？

接納容易混淆之處在於，一個人是否接納，看的不是「外在行為」，而是你心裡如何「面對」這些正、負面感覺。也就是說，我們很可能內心正在接納，但是外表行為卻是不動聲色（乍看很像在壓抑）；也可能在展現情緒的時候，心裡並不接納這些情緒，那麼這就是宣洩。

負面想法和情緒會帶來「負能量」，如果我們壓抑，結果就像是炸彈「內爆」；如果宣洩，則是「外爆」。而接納的意思是，我看見、我知道、我感受到內心有一股負能量，我理解它的存在、知道它在釋放的訊息，但不打算衝動的處理它，而是把它帶到處理炸彈的「接納小房間」。接著，採用一些個人的判斷準則（也就是第五章要介紹的價值觀）來決定要如何處理這顆炸彈。

接納：騰出空間來安放

接納是主動、富有力量的。接，意指「承接」，不管刺激出現之後，我們在「中間」感受到哪些感覺、想法、情緒，在第一時間都先接住它們。納，指的是「騰出空間來安放」——這就是接納時唯一要做的：「把這些感覺接住，然後放在適當的位置。」不包括其他多餘的動作，像是：

- 「跟某個感覺開始聊起天來」
- 「覺得這些感覺很討厭」（這是批判）
- 「想要把A感覺改成B」（這是改頭換面）
- 「假裝它不存在」（這是視而不見）
- 「想要用力把它從腦海中趕走」（這是用力趕走）

接納不是「喜歡」，不是「愛」。

比方說，房間裡擺著一隻壞掉的娃娃。我接納房間裡有一隻壞娃娃，並不表示我要喜歡、愛上它。僅僅只是，我了解壞娃娃在那邊，允許它在那邊，接受這個現實。我不必把它變成好娃娃、把它從房間移開、假裝它不存在。

接納的力量

　　接納的心態往往能幫助我們看清現實，進而導向實際的問題解決。很多人因感情與婚姻的狀況來接受心理諮詢，不過，這些人通常都不是第一時間就選擇來面對這些狀況。雖然早就知道另一半（或自己）有狀況了，卻沒勇氣在第一時間就面對與接納現實。逃避、壓抑之後，問題拖久了反而更難處理。接納時，我們不一定是舒服的，但至少是清醒的。持續練習接納之後，我們與不舒服共處的能力也會變強。

　　接納不是「完成式」，而是「進行式」，是一種常常需要提醒自己的「生活方式」。因此，我們不會說「我已經接納完了」，而是「我現在可以試著接納這些經驗看看」。接納不會成功，也不會失敗，而是一種需要練習的心態。

　　接納出於個人的選擇──在刺激和反應中間，我們帶著自覺，選擇與現況「和平共處」。不急著改變現況、做出反應，練習讓自己在「中間」待久一點，看清楚外面現況，也聽清楚內心聲音。當我們願意接納時，壓抑的影響力就會變小。

壓抑方式	接納的破解之道
搞消失型	因為不願意面對內心可能會出現的各種不舒服,搞消失型壓抑者不讓自己有機會面對任何會帶來不適的人、事、物。這是一種不願意接納外在現實,也不願意接納內心感受的狀態。練習接納後,我們比較可能有意願突破逃避的難關,面對真實生活,慢慢知道自己其實承受得住,不用逃避。
斷線型	身體出於保護本能,讓我們沒有機會碰觸到內心深處的負面情緒和思緒。此情況下,接納的練習可以使我們重拾「回到身體」的勇氣,與身體的感受連線。在準備好的時刻,接納讓我們適時適量的碰觸那些不舒服,也把過去完全失聯的感覺找回來。
視而不見型	騙自己、假裝事情沒發生,不願意面對與承認自己心情差、想法負面;事實上,這種自我欺騙,可能會讓自己之後懊悔。如果沒有看清現實、聽清內心聲音,就很容易做出錯誤的決定。接納將幫助我們直視內外,勇敢認清現況。
改頭換面型 用力趕走型	這兩類很像,無論是試著消滅不舒服,或者把負面改成正面。如之前提到,不斷努力改變想法或情緒,是注定失敗的。就像在跟野獸拔河一樣,我們努力的拔、一直拔,拔到筋疲力盡,結果還是輸了,跌落中間的深谷。但如果我們想通了,選擇接納,就意味著「和平共處」。這是沒輸沒贏的局面,我們把繩子放著,去做自己真心在意的事。野獸(不舒服)還是在,只是它也不能拿我們怎麼樣。

當我們處於負面情緒或思考下，常會錯估這種痛苦維持的時間。科學家發現，人類很不擅長「情感預測」，時常高估痛苦維持的時間。當我們覺得痛苦會持續很久，就更可能用壓抑來解決問題了。尷尬的是，一旦我們壓抑，痛苦（變得）維持更久，反倒真的證實我們當初的猜測。若我們願意換個方式，用接納取代壓抑，才有機會發現事情跟我們「預測」的不一樣：情緒再痛苦，都會過去；想法再負面，都會離開。

處於「痛苦」時（不管是身體的痛苦，還是心理的痛苦），身體本能反應就是閃躲、避開。不過，我們其實太低估自己的抗壓性了。

運動科學和生理學研究「跑步訓練選手」發現，當跑者跑了很久，覺得自己快不行時，身體就會釋放疼痛、不舒服的訊號，提醒（或警告）跑者快點休息。不過，測量真實生理指標之後才發現，身體總是「太快」告訴我們自己不行了。生理數據顯示，我們其實還可以，身體真的還承受得住。因此，在運動訓練時，當身體告訴選手「你不行了」，教練會鼓勵選手試著與那種「快不行的感覺」共處，一邊接納身體的不舒服，一邊告訴自己「其實還可以再撐撐看」。一旦突破身體的舒適圈，就會激發潛能，下一次身體說「你快不行」的時間，也會往後延。

同樣的，當我們處於負面情緒或思緒風暴下而覺得非

常不舒服時，身體也會出於本能去逃避或壓抑這些感受。但跟剛才的跑步訓練很像，我們不是做不到，只是沒有機會「知道」原來自己可以跟這些感覺共處。說服自己做得到的方法，並不是一直信心喊話說「我可以」、「我做得到」，而是用行動去實驗。

接納的好處

接納的過程會有點不舒服，但長久來說卻對我們有好處。研究找來一群大學生，把他們隨機分成兩組，請他們每天寫十五分鐘的日記，至少持續四天：

- 第一組寫日記時，被要求書寫「人生最痛苦的經驗」，可能是小時候發生的壞事、曾被傷害、霸凌等等。
- 第二組則書寫和情緒無關的日記，例如今天吃了什麼、去了哪裡、做些什麼事等等。

結果：第一組大學生在研究完成的時候，變得更不快樂，血壓也飆高了；第二組卻沒有這樣的反應。不過有趣的是，六個月後追蹤，身心健康變好的是第一組大學生，而不是第二組。

接納讓我們看清現況，我們會感到害怕，但也有可能因此得到力量，而有辦法好好面對不舒服。在另一項研究中，研究員找來一群「蜘蛛恐懼症」患者，告知他們等一下要與蜘蛛互動，然後把他們隨機分成三組：

- 第一組：請他們在心裡「說服」自己蜘蛛一點都不可怕（這很像是「改頭換面」的壓抑方式）。
- 第二組：請他們轉移、分散注意力到其他地方（這則是「視而不見」的壓抑方式）。
- 第三組：請他們在互動前，好好體會自己內心因為等一下要與蜘蛛互動而出現的情緒，去認真的感受、接納這種不舒服，並明確表達出來。

結果發現，只有第三組成員覺得自己比較有辦法、有意願離蜘蛛近一點。同時，練習接納「害怕」的第三組，在生理上出現「害怕反應」的程度反而是最輕的。

鼓起勇氣面對「不舒服」，真的很「不舒服」。至少在短時間內，我們得硬著頭皮去碰觸過去一直逃避的感覺。就像是在處理瘀血的傷口一樣，冰敷、熱敷勢必帶著痛覺，但這種帶著接納的碰觸，卻能協助身體加速處理創傷。接著我們要討論的是培養接納能力的具體做法。

培養接納力：專注力訓練

　　此刻，你正拿著一本書，閱讀書上的文字。你專注在這些文字上面，設法理解這些文字的意涵。你思考、消化、吸收著，把你的「專注力」都留給了書上的文字。

　　這也表示，你忽視了「文字以外」的其他事，像是上頭的燈光、空間裡各種微小的聲音、氣味，或者身體感覺到的溫度、旁邊走過的人群、外面的天氣等等。

＊ ＊ ＊

　　「專注力」是我們日常生活必備的一種能力。生活中有太多資訊等著我們處理，專注力會引導我們，把必要且有限的「專注資源」留給重要的資訊，避免自己在資訊的大海中癱瘓。善用專注力，學習調控專注力，對接納有極大的助益。現在我們就帶領大家學習「專注力訓練」，做為接納的基礎。

想像你的腦海中（就是想法、感覺、記憶被創造的那個地方），有一個大大的舞台。每當外頭有事件發生時，各種情緒、想法等「演員」就會在腦海舞台現身，成為當時的主角。

　　「專注力」（或稱作「注意力」，之後我們會交替使用這兩個詞彙）就像是舞台上的聚光燈，打光之處是為焦點；沒有照到之處，則變成背景。背景區不表示沒有其他人，還是有許多演員在那裡，只是它們現在不是主角。

　　在情緒激動、想法很亂、很負面的時候，我們腦中的聚光燈往往會照在舞台上講話最宏亮的人身上（就是剛剛提到的「情緒激動演員」和「負面思考演員」），這也表示我們會同時忽視其他角色的聲音。因為燈光是有限的，注意力是有限的。講話最大聲的，往往是某些強烈情緒或極端想法，它們大聲嚷嚷，讓我們相當不舒服，促使我們快點聽它們的話行動。

　　延續舞台和燈光的比喻，接納的意思是：

- 看見這些演員（各種想法、情緒），但不必為之所動。
- 知道聚光燈還可以照到別處，舞台比想像中大。這幾位兇猛的演員，只是其中一小部分。透過燈光調整，我們可以決定舞台現在的主角。

來試試看吧！不過，得先提醒，剛開始練習時，通常會有些困難，特別是在情緒強烈或想法很雜亂、負面的時候。所以，通常會建議選在情緒還算平靜、思緒也不特別混亂的時候開始，做為入門。

專注力的練習

你可以用手機掃描QRcode，聆聽錄音檔，或者先替自己錄製以下的指導語；由家人、朋友協助朗誦也可以。

請找個安全、寧靜的地方坐下來。
準備好之後，輕輕閉上眼睛。
請讓自己試著就「坐在這邊」一分鐘。（停頓一下）
告訴自己，這一分鐘沒有要做什麼，就只是坐著。（留白，一分鐘）

觀察一下，剛剛這一分鐘，自己的狀態是什麼：
- 能夠專心坐著嗎？
- 或者，腦中不自覺開始浮現一些想法，例如：「時間到了嗎？」、「這個練習在做什麼？」、「這有用嗎？」
- 有沒有感覺到一些情緒或感覺？像是：「坐不太住」、「有點心浮氣躁」、「不耐煩」。

● 還是，身體也跑出一些感覺？比方說，背痛、腰痠、麻麻的等等。

在這項練習裡，不管出現的是想法、感覺、記憶、還是情緒，都沒關係。我們要練習接納舞台上出現的各種「演員」，無論正負好壞，一視同仁。

再一次，讓自己試著就「坐在這邊」一分鐘。（停頓一下）
告訴自己，沒有要做什麼，就只是專心在「坐」這個動作上。
（留白，一分鐘）

接著，請繼續輕閉雙眼，把專注力完全集中在你的呼吸上。
聽到呼吸二字時，我們容易想要控制它，在練習時放下控制。
你的身體會自己呼吸，你需要做的就只是跟著它，自然的呼吸。
專心的跟著它。你只需要慢慢的跟著身體的呼吸而呼吸。

一邊呼吸，一邊想像，在吸氣、吐氣的鼻尖後面，我們的腦海裡有一個舞台。
此刻你所關注的、所專注的事，就是舞台上的主角。

請邀請「呼吸」成為現在的主角。
把聚光燈照在呼吸上，自始至終，都照在它身上。

盡可能專注在呼吸上。這樣就好。一邊聽著引導，一邊專注呼吸。

在專注時，我們多少會分心，每個人都會。
當你分心時，你就會看到燈光下出現其他演員。
你之所以發現新演員出場，正是因為你分心了；但沒關係。

新演員可能是……
「外面冷氣的聲音」，這是聽覺。
「這個練習還要做多久？」這是內心的想法。
「剛剛午餐吃的東西」，這是畫面。
「背好痛」，這是身體感覺。
「心情有點煩躁」，這是情緒。
「現在好想張開眼睛」，這是一種行為推力。

每當你發現聚光燈從「呼吸」跑到他處時，請提醒自己分心了。
分心時，就溫柔的把聚光燈再拉回呼吸，這樣就好。

分心時，不同演員成為主角後，我們會感覺到對應的感覺，也可能伴隨一股想做些什麼的衝動。好比說，聚光燈照在「腰痠背痛」的感覺上時，這位演員很可能叫你：「別做這個練習了，去休息吧！」當燈光照在「不耐煩」的情緒上時，這位演員很可能會說：「好煩，去做些更有趣的事吧！」

練習的重點在於，不管燈光偏離到誰那裡去，不管演員説了什麼，我們都一視同仁的練習「接納」。接納那些聲音，也接納自己從呼吸分心了。

允許演員出場，知道它們在説話、想呼喚我們做一些事。
但我們不回應、不回話，也不照做。
我們不用喜歡，也不用討厭這些演員。
就只是允許它們在舞台上待著。
只需專注在呼吸上，觀察自己是否分心。
如果是的話，就一而再、再而三的，把燈光拉回呼吸上。

* * *

現在開始，請試著專注在呼吸上。即使分心了，也不需要感到氣餒。這是正常的，也是練習的一部分。只需溫柔的把自己再拉回呼吸。

這也是耐心的練習，當「不耐煩」出現時，請試著對它溫柔一點，看見它、允許它存在，但不必聽它的。回到呼吸就好。

你可以決定這次要練習多久，但在這段時間裡，就專注在呼吸上。
分心也沒關係，當你分心，就再回到呼吸上。

（三分鐘留白，也可以視情況延長或縮短留白時間）

時間已經差不多了，若你準備好了，就慢慢睜開眼睛，回到你所在的地方，結束這次練習。

自我檢查

✳ 觀察舞台上出現的人

「為什麼要一直專注在呼吸？」

「我怎麼知道自己分心了？」

透過「注意力」這道聚光燈，你會開始對舞台上出現的演員有更清楚的認識。規律練習後，甚至可以找到腦中的「固定班底」：很常出現的特定想法或情緒。當燈光從「呼吸」跑掉了，表示此刻燈光一定照在其他演員上：可能是外面世界的聲音、味道、觸覺、溫度等；或是內在世界的想法、情緒、身體感覺、行為推力或記憶。當你留意到這些「有別於呼吸的演員」時，就表示你從呼吸跑掉了，你分心了。

你可以選擇是否要稍微辨別一下不同演員的特性，

貼上貼紙。分心時，你在心裡說：「我分心了，**這是一個想法**，回到呼吸」、「我分心了，**這是一種感覺**，回到呼吸」、「我分心了，**這是一種聲音**，回到呼吸」。貼完之後，別陷在這些演員裡頭。你不用喜歡（或討厭）這些出現的演員，只要知道它們是演員，允許它們來來去去。

如果你發現某些感覺特別強烈、難以面對，可以在心裡對自己說：「現在舞台上跑出來的演員是『**我上次簡報做得真爛，這是個想法**』，我分心了，回到呼吸」、「現在舞台上跑出來的演員是『**躁動，這個情緒有點強烈**』，我分心了，回到呼吸」。說完之後，就溫柔的回到呼吸。允許演員們如其所是的存在就好，過沒多久，它們會自動退回舞台背景，不需強求。

＊ 不要評價，一直練習放下

「一想到某些事情，我就不舒服，該怎麼辦？我還要繼續做嗎？」

進行專注力練習時，重點是專注。專注時，我們更能看見自己「批判的心」，而批判、評價與判斷都和壓抑息息相關。因此，在練習時，也請留意自己批判的慣性，放下「好壞」、「對錯」、「好惡」。放下不是指這些標籤永遠不能出現在腦中，而是指每次它們出現時，都帶著覺

察，有意識的看見它們，把它們放著。放下標籤也是一視同仁，不管這些演員多可怕、多開心、多有吸引力、多難過、多讓人不舒服，我們都知道它們出現了，然後回到呼吸。

☀ 分心是必要的，也是練習的重點

「我真的沒辦法專心太久。」

練習的重點不是「不分心」，因為這是不可能的。練習的重點是：知道自己分心，再出發，重回呼吸。每當我們把注意力從讓我們分心的事情拉回呼吸時，我們的大腦「肌肉」就像是做了一下伏地挺身，肌力又增強了一些。大腦「肌肉」變強之後，在刺激與反應之間，我們會更有力氣留在中間，不急著反應。

☀ 隨遇而安：不用力、不反應

「腦中出現好多想法，我真的可以什麼都不做嗎？」

練習的關鍵在於，發現刺激（演員）出現之後，不急著做反應。或者也可以說，要做的反應就是「不反應」。不反應的意思是，放下「什麼都想要解決」的習慣，放下「目的」導向的習慣。專注在呼吸上，無所為而為。培

育這種力量，讓我們未來面對各種刺激時，更能不急於反應。練習時，什麼狀態就是什麼狀態，不需用力、不需逼自己、不急著改變。

☀ 每次練習都當做第一次

「為什麼前幾次做完很放鬆，可是之後卻沒這種感覺？」

專注力練習不是為了讓我們心情變好、更放鬆而設計的，我們修煉的就只是「持續的專注」。不過，當我們夠專注時，確實可能會感受到一股寧靜安詳帶來的平靜與舒適。我們稱這為專注力訓練的「副作用」。

弔詭的是，若在練習時執著於這種副作用，腦中舞台反而會出現很多名為「我要放鬆」、「怎麼還沒有放鬆的感覺」、「我這次做對了嗎」的演員，而使你更難專注在呼吸上。

每次練習都請放下期待，別執著於任何感覺，特別是過去做完之後的各種感覺。許多人做完練習後，曾感覺放鬆平靜。但下次練習時，卻因為沒有出現一樣的感覺而感到氣餒，萌生放棄的念頭。

若困在這種狀況，可能意味著你的練習裡少了「接納」。接納的意思是，允許現況就是這樣；跟之前可能一

樣，也可能不一樣。帶著好奇、做實驗的心，完成每一次的練習。注意力訓練沒有做的「好或壞」、「對或錯」，只要花時間與自己共處，培養專注力，就算過程一直分心、得不斷把自己拉回來，也有價值。

請放下預設立場與期待心態，例如「做完比較好睡」、「做完就不怕壓抑」。當你帶著這些預期時，你其實正站在「接納」的對立面，也就是在批判「現在的你是不好睡的」、「不好睡是不好的」、「我是壓抑的」、「壓抑是不好的」。當「批判」出場時，也就表示你心裡並不接納這些思緒。若在練習前、練習時，發現自己對練習抱有特定意圖或期待，請看見這些期待，不去批判，就只是把它們放著，不影響你的練習，回到呼吸。

❋ 持之以恆加耐心，危急時刻才派得上用場

「為什麼我心情差的時候做這個練習，卻沒什麼用？」
「這個方法對想太多、容易胡思亂想的人有用嗎？」

情緒激動、思緒如萬馬奔騰時，要接納確實困難。但困難不表示做不到，只是需要更多基本訓練。

這也是為什麼我們希望大家每天都能花點時間做專注力訓練，即便你覺得今天過得很好。

每天保持耐心練習，其實也是練習的一環。事實上，

培養「每天都做」的耐心，可說是練習中最困難的一部分。在這個快速變動的時代，耐心是我們相當缺乏的能力，卻也是處理壓抑、面對壓力時的關鍵能力。耐心夠，就容易接納各種感受。

當你對這個練習失去耐心時，觀察自己油然而生的「煩躁感」。同樣的，允許煩躁感出現，但不多做回應，回到呼吸。當煩躁感說：「今天就別練了吧！沒差這一天。」同樣的，看見這樣的念頭，不多做回應，開始今天的練習。

接納情緒的練習

　　開始閱讀本篇之前，請先花點時間思考下面幾個問題：

1. 計時一分鐘，在下面的空格處，寫上所有你知道的正面情緒：

2. 計時一分鐘，在下面的空格處，寫上所有你知道的負面情緒：

我們有多少情緒？

「情緒」常給人模糊的印象，我們知道它來了，卻又說不清楚那是什麼。在接納情緒前，對情緒多點了解是有幫助的。

人類有幾種情緒？是「喜怒哀樂」，還是「快樂、悲傷、憤怒、驚喜、恐懼與厭惡」？過去研究發現，人類基本上擁有六類情緒，不管你是亞洲人、美洲人或是其他種族都一樣。艾倫・考恩（Alan Cowen）和達契爾・克特納（Dacher Keltner）兩位學者在2017年進行的研究更指出，人類共通的基本情緒可能有27種之多。（回顧一下，剛剛你寫的答案加起來有27種嗎？）

此研究蒐集了兩千多則短片，短片中含有各種會引發正、負面情緒的刺激，像是獅子攻擊動物、男子的嘴巴放著蜘蛛、死亡的畫面、性行為、貓替狗按摩等等。研究人員請八百多位參與者在觀賞影片後，描述他們的情緒，然後根據這些人的回答，統整出27種基本情緒：

欽佩（Admiration）／崇拜（Adoration）／美學欣賞（Aesthetic Appreciation）／好玩（Amusement）／焦慮（Anxiety）／敬畏（Awe）／尷尬（Awkwardness）／無聊（Boredom）／困惑（Confusion）／冷靜（Calmness）／

渴望（Craving）╱厭惡（Disgust）╱同理痛苦（Empathetic pain）╱狂喜忘我（Entrancement）╱嫉妒（Envy）╱興奮（Excitement）╱害怕（Fear）╱恐懼（Horror）╱興致（Interest）╱喜悅（Joy）╱懷舊（Nostalgia）╱浪漫（Romance）╱難過（Sadness）╱滿意（Satisfaction）╱性欲（Sexual desire）╱同情（Sympathy）╱勝利（Triumph）

除了這27種基本情緒外，其他學者認為下述情緒也應是人類基本情緒的一部分：

鄙視（contempt）╱憤怒（anger）╱罪惡感（guilt）╱自豪（pride）╱寬慰（relief）╱失望（disappointment）

不同情緒背後都有相對應的出現原因。一旦知道現在的情緒是什麼、探索它出現的原因，就比較容易接納情緒。因此，你可以參考上面列出的33種情緒，從中找出自己當下的情緒狀態。

事實上，「歸類情緒」本身就能舒緩情緒，心理學家馬修・利伯曼（Matthew D. Lieberman）發現，在情緒出現的當下，可以試著描述情緒，替它命名。比方說，你可以在心裡說：「我現在很**生氣**。」或說：「我現在有一種**害怕**的感覺。」如此一來，腦中處理情緒的區域活動量就

會減少；同時，負責理性思考的大腦區域活動量會變多。替情緒狀態命名，能幫助我們從感性切換到理性，更容易接納情緒。

正面或負面，沒這麼絕對

請依據直覺判斷，這些是正面情緒，還是負面情緒？

情緒	判斷	情緒	判斷
欽佩	☐正面 ☐負面	害怕	☐正面 ☐負面
崇拜	☐正面 ☐負面	恐懼	☐正面 ☐負面
美學欣賞	☐正面 ☐負面	興致	☐正面 ☐負面
好玩	☐正面 ☐負面	喜悅	☐正面 ☐負面
焦慮	☐正面 ☐負面	懷舊	☐正面 ☐負面
敬畏	☐正面 ☐負面	浪漫	☐正面 ☐負面
尷尬	☐正面 ☐負面	難過	☐正面 ☐負面
無聊	☐正面 ☐負面	滿意	☐正面 ☐負面
困惑	☐正面 ☐負面	性欲	☐正面 ☐負面
冷靜	☐正面 ☐負面	同情	☐正面 ☐負面
渴望	☐正面 ☐負面	勝利	☐正面 ☐負面

情緒	判斷	情緒	判斷
厭惡	☐正面 ☐負面	鄙視	☐正面 ☐負面
同理痛苦	☐正面 ☐負面	憤怒	☐正面 ☐負面
狂喜忘我	☐正面 ☐負面	罪惡感	☐正面 ☐負面
嫉妒	☐正面 ☐負面	自豪	☐正面 ☐負面
興奮	☐正面 ☐負面	寬慰	☐正面 ☐負面
失望	☐正面 ☐負面		

　　是不是比想像中困難？有些情緒明顯很正面，像是滿意、勝利；另一些負面情緒也很直觀，如失望、焦慮等。但許多情緒其實沒那麼絕對，很難立刻斷定是正面或負面。以「敬畏」為例，在面對宏偉的大自然（像是登山客在山林裡感受到人類的渺小），許多人會有敬畏的感受。這種感受可能夾雜正面的寧靜感，卻也因感受到自己的渺小而夾雜著恐懼。

　　日本文化中有一種「物哀」的觀念，指的是對「生命短暫無常」的感嘆。這種情緒也是很多層次疊加的結果：你發現「無常」才是「常」，體認到「改變」無可避免，是逃不掉的，悲傷因此而來。但同時，你也因為知道失落會來、失落本身會改變、也會結束，反而又感受到一股平靜。

情緒之間是可以重疊的，正、負面情緒也可能一起出現。完成目標後，我們可能感到滿意，但也可能因為達成目標的過程傷害到別人而產生罪惡感。

　　因此，在觀察情緒時，試著放下好壞的判斷吧！正、負面情緒其實是相對而非絕對的。看見每種情緒出現的原因和理由，並用這樣的資訊來幫助自己了解當下的處境，這才是情緒的最大功用。

情緒出現的原因與功用

　　情緒就像是大腦中的保全系統，面對各種生存情境時，情緒會直覺、快速出現，這是為了引導我們做出必要的行動，好避開危險。若我們反應太慢的話，小命可能就不保了。

　　以憤怒為例，在面對自己權利受損、人身安全遭到威脅時，憤怒是必要的。憤怒會給我們一股動力，讓我們保護自己。我們也會做出某些舉動（像是口頭發出訊號，提醒對方停止、主動處理威脅來源），讓自己回歸安全。

　　遠古時代，正是這些情緒，讓身為原始人的我們活下去。倘若一個原始人辛苦儲存了糧食要過冬，鄰居跑來搶他的食糧，他卻都不生氣，可能還會引來更多鄰居打劫。食物都被搶光了，生存機會自然變得更小。

　　前面曾請你動腦寫下各種正負面的情緒，請翻回第

152頁,數數你各寫了幾個正面、負面情緒。如果你和多數人一樣,通常腦中的負面情緒詞彙會多於正面詞彙。說到負面情緒,我們的反應很快,也很敏感,為何如此?

對大腦裡的保全來說,「少快樂一次」影響比較小,不至於會讓我們死掉;但「少保護一次」就可能讓我們死翹翹。若單純以演化觀點來看,大腦存在的目的是要讓人類「活下去」,而不是「活得幸福」。因此,情緒也可被視為保命機制,我們要接納這種「保命優先,其他再說」的預設值。

你是否把負面情緒當成敵人,覺得應該驅逐它們呢?若能理解負面情緒的保護與保全目的(只是有時力道太猛),我們比較可能接納它們。看看下一頁的表格,這是五位典型的大腦保全與它們的職責。

面對情緒,我們要做的不是根除,而是調控情緒帶來的能量,將之引導到更有建設性的行動上。請記得,負面情緒也有實用的價值。情緒低潮時,我們慢了下來,反而更能看清楚世界的真實樣貌。

情緒強度像海浪,每分每秒不一樣

情緒的能量會引導我們採取特定行動,這股能量如同海浪般,會隨著時間起落,來來去去、浪高浪低,還伴隨著不同的溫度。

負面情緒	保護機制
憤怒	使我們有勇氣去捍衛自己在意的事。 「這是屬於我的權利,請尊重我。」
害怕	使我們遠離危險。 「不要半夜去鬼屋玩耍,可能會受傷。」
嫉妒	使我們有動力去追求。 「我也想要變成那樣,該怎麼做才能達到那個境界?」
焦慮	使我們防患未然,及早準備。 「出包就完了,我還是早幾天準備吧!」
憂鬱	使我們停下來思考之前的狀態,找到問題癥結,做出必要改變。 「真不開心,這份工作真是我要的嗎?」

處於情緒浪頭上,要立刻說出情緒的名字可能有點難,不妨先問自己兩個問題就好:

一、我現在的情緒是正面為主,還是負面為主?
二、我現在的情緒是偏強,還是偏弱?

透過「正/負」和「強/弱」,可以把情緒簡要分成四種類型:

	高情緒強度	低情緒強度
正面為主	例如：亢奮	例如：喜悦
負面為主	例如：恐懼	例如：淡淡的哀傷

　　此處我想點出的是，隨著時間流逝，無論是正面情緒，還是負面情緒，都會從高強度慢慢轉變為低強度，只是所需的時間不一定。

　　研究人員曾追蹤兩群特別的族群，一群人是樂透得主，另一群是因車禍而截肢的人。不難預期，中樂透帶來了高強度的正面情緒；而車禍截肢則帶來高強度的負面情緒。不過，半年後再追蹤，這兩群人的情緒都已經回復到原本的水平。經過時間的發酵，身體發揮「習慣化」的本能，而使情緒回歸平靜。若我們願意接納，這種本能就會開始運作。壓抑時，本能無法發揮，情緒就會一直存在。

　　人類的適應能力其實很好，我們對負面情緒也有一定的承受力。只是，就像扭傷，我們需要忍著疼痛做復健，一邊培養承受負面情緒的能力，一邊學到一個事實：痛的感覺會隨著時間淡去。

做自己的情緒觀測員

　　為了體驗情緒的變化，我們邀請你在感覺到有股強烈情緒時，利用下表做紀錄。先簡單描述你目前主要感受到的情緒（可參考前面的情緒列表），然後，提醒自己每隔幾分鐘，就回過頭觀察情緒在強度上的變化，並在格子裡打勾。

　　從7分到1分，7表示非常強烈，強烈到你無法專心做該做的事；1分則表示這股情緒雖然還在，但已經很淡，有點變成背景，不會影響你工作或讓你分心。很多使用過這個表格的人表示，光是填這個表就會讓情緒強度減弱了。

情緒名稱：＿＿＿＿＿＿＿＿＿＿＿＿＿＿

7							
6							
5							
4							
3							
2							
1							
強度	現在	2分後	4分後	6分後	10分後	30分後	1小時後

　　較高的海浪需要多一點時間才會退去，而低浪通常會在短時間消去。情緒也是，強烈的情緒（6、7分）需要多一點時間才會淡去。關鍵在於，你是否願意讓情緒在那兒？不去壓抑它、阻止它、干涉它，它就一定會淡去。

還情緒一個公道

✱ 情緒若不處理，會愈來愈嚴重？

　　這句話只對了一半。如果用正確的方式（亦即「接納」）處理，情緒不會帶來什麼困擾。但若用了不健康的方式處理（像是「壓抑」），情緒就可能會變強烈或維持更久。請記得，有情緒是沒關係的，情緒出現有它的原因與意義。接納它、讓它出現，它反而很快就會淡去。

✱ 有情緒是不好的？

　　先前提過初級情緒和次級情緒。初級情緒指的是，因遭遇某事件而自然產生的情緒；次級情緒則是因為我們發現自己的初級情緒，而後產生的情緒。若能接納初級情緒，不去壓抑，次級情緒就沒有機會出場。讓事情變複雜的，往往是初級情緒和次級情緒混在一起。接納能避免這種狀況出現。一旦你認為有情緒是不好的，次級情緒就會隨之而來。

✱「我是暴怒份子」vs.「我現在有暴怒的情緒」

　　這兩句話有些意義上的差異。「我是暴怒份子」的意思是「我本人＝暴怒」。不過，一個人不太可能二十四小

時都處於暴怒狀態。怒氣通常只是某些時刻裡的情緒狀態，用「一段時間的狀態」來定義自己，其實頗不公平。這種對自己強加的評斷，反而讓我們對暴怒更戰戰兢兢，面對暴怒時就更可能壓抑。

　　類似的狀況是，你現在心情很差、處於負面情緒中，你對自己說：「我＝憂鬱。」「我＝永遠沒救。」我們時常不自覺拿「內心短暫的負面狀態」來定義自己，說著說著，就習慣把這些說法當成永遠的事實。實情是，情緒是時間的函數，每一刻都不一樣。我們不妨練習改說：「我現在**有一些壞念頭**。」「我現在**有一種憤怒的感覺**。」

＊ ＊ ＊

　　情緒就像保全在執勤時嚇阻壞人的言語，確實容易讓人不舒服，但不表示我們必須怪罪情緒。

　　某天你牙齒痛得難受，雖然「痛」，但你的焦點不會全部放在「痛」本身。反而會去思考痛的意義，最終發現「痛＝牙齒有狀況」，因而去看牙醫。牙痛的「痛」本身雖然不舒服，卻沒有被額外貼上其他標籤，我們不會說「痛是沒用的」、「不要相信痛」。相反的，我們認為牙「痛」是必要的，正在提醒我們有些東西（壞掉的牙齒）要處理。

處理情緒也是一樣，情緒出現雖然帶來不舒服的感覺，但我們不必壓抑，就像牙痛不需要忍耐。關鍵是從中看見這個不舒服背後的意義和訊息。情緒管理並不是要把自己變成一個沒有情緒的人；而是有能力在情緒出現時，用有智慧的方法來處理它。

面對、處理情緒
浪潮的方法

用呼吸陪伴情緒

時間會改變很多事，前提是我們要願意讓它出場。即便是很強烈的情緒，也一定會隨著時間消退。

你不必在心裡希望哪個壞情緒演員快點下台，只需在旁用呼吸作陪。面對一杯泥巴水，要讓它乾淨，你不需要伸手進去攪和、試圖撈起爛泥。只需把它放著，讓它自己沉澱。有時候，「不處理、不反應」反而是更有智慧的處理方式。當你航行在滔天巨浪的情緒大海之中，呼吸是你最好的「錨」，用呼吸讓自己安定在汪洋上，你的船雖然會搖晃，卻不會跑遠。耐心等巨浪散去，別急著去哪裡。

用慈悲的心安撫情緒

如果發現情緒強烈到難以招架，還可以借助另一種溫柔的工具，稱為「自我慈悲」（self-compassion）。

自我慈悲的意思是，把自己當作「你的好朋友」一樣。當自己身心不舒服時，請像照顧心情不好的朋友般對待自己。進一步延伸這樣的觀念，我們也可以練習對自己感受到的「負面情緒」好一點。雖然它讓你不舒服，但還是把它當作朋友一樣對待。

　　這就像是舞台上有一位大哭大鬧的「難過演員」，一下子就把聚光燈搶走了，搞得我們心情很差，無法認真工作。下意識的，我們會想壓抑它，叫它閉嘴、閃遠一點。

　　不過，若我們採用慈悲的方式對待這股難過的情緒，把這位「演員」當作家人一樣，面對它，我們不斥責，允許它的存在；但也不縱容，不因此變得情緒化。你可以在心裡對自己這樣說：

- 我發現它在哭（發現自己有難過的感覺）
- 我允許它哭（允許這種感覺存在）
- 我知道抱著哭泣的人會不舒服（至少耳朵不舒服）
- 我知道它終究會哭完（難過一定會慢慢淡去）
- 我試著聽見它哭泣背後的原因（遇到讓人難過、沮喪的事）
- 我知道這種讓人不舒服的哭泣，背後是出於保護（提醒我們遇到不順利的事）
- 我聽見這個「哭泣」急著叫我去做一些事；但我先

選擇不因此有所反應（在心中告訴自己，這個難過的感覺，好像正在叫我去房間把自己關起來）

- 我擁抱這個哭泣，感受它的溫度、哭鬧的音量、哭鬧帶來的不舒服，接納它，不干涉它；我允許它用自己的方式哭泣
- 我就只是用呼吸溫柔的陪伴，讓它用自己的方式入場、出場

許多時候，我們不願意接納情緒，是因為我們對它太嚴苛了。許多人把情緒視為自己的缺陷或弱點。但回想看看，當你的摯友因故而難過、哭泣時，你卻不會把那當成對方的缺陷，是吧！

強烈情緒出現時，硬碰硬是沒有用的。如果你能接納它，用愛與慈悲去包容，它反而會淡得更快。當你的情緒說它很痛時，請你溫柔的呼吸，把氣送到身體感覺最辛苦的地方，允許它有空間暫時置放這樣的感覺。用耐心與善意，讓它用自己的方式變化與離開。

此外，有情緒還意味著我們「在意」某些東西。情緒只是提醒，告訴我們有些事情要保護。接納情緒，聽見、理解它背後的聲音，做為基本參考，情緒自然就會消散。下一篇，我們要來探討接納「想法」的一些訣竅。

接納想法，
但不必全部採信

　　另一類我們常常想壓抑的是腦中的廣播電台——想法。想法或稱「思考」，是人類特有的能力。它讓我們可以設計、規劃、預先設想許多事情，創造出萬物之靈才有的高等文明。

　　不過，不自覺地誤用想法，也讓我們出現許多人類才有的困擾。不管是憂鬱、焦慮還是強迫症，相關症狀都與「思考」有著密不可分的關係。

想法是大腦搜尋出來的結果

　　大腦像是一個資料庫，裡面儲存著我們從小就開始累積的資料。在每個成長階段，大腦都將學到、看到、聽聞到的重要資訊進行儲存，形成你現在獨有的資料庫。

　　用簡化的比喻來說，每當有事發生、碰到誰、去到哪邊，大腦就會搜尋資料庫裡類似的資料，像 Google 一樣，找出幾筆類似的過去記憶，供我們參考。

一個曾在小學學過游泳的人，跟一個小時候曾經溺水的人，在長大後聽到（或去到）海邊的反應會很不同。前者的大腦資料庫把游泳跟「有趣」、「運動」、「快樂」放在一起；後者則是把游泳和「危險」、「要避開」、「焦慮」連結在一起。即便輸入的關鍵字一樣，卻對每個人造成不同影響，引發不同情緒。

　　在接收刺激後，大腦會自動替我們找到許多建議結果。我們比較容易看到的往往是第一筆結果，至於第二、第三筆搜尋結果，需要我們在刺激和反應間停留久一點才看得到。

　　像情緒保全一樣，思考也有保護的色彩。因此，第一筆結果並不表示它是最具參考價值的。那可能是大腦出於保護而給予的建議，也可能是過去太常點選它，才使大腦把它排到最前面。若能耐著性子，繼續往下看看大腦還搜尋到哪些可能性，我們就能做出更好的決定。

　　想法的本質就跟 Google 搜尋的結果很像，只是一種「建議與參考」。只是這些建議通常都很實用，我們常常「不經思考的」，就把「想法」直接當作「事實」了。

　　例如，大腦接收到一個刺激：「被按喇叭」，它在毫秒間開始自動搜尋，條列建議如下：

● 建議結果一：「按喇叭＝嗆聲」

- 建議結果二：「按喇叭＝示威」
- 建議結果三：「按喇叭＝提醒注意」
- 建議結果四：「按喇叭＝可能有危險」

在不同情境下，不同建議結果都可能是正確的。可是，若我們不分青紅皂白，硬把某個特定建議套用在所有情境時，問題就會出現了。因此，一個想法是否正確，往往是相對的，而非絕對。

「按喇叭＝示威」這句話是否符合現實，要看情境是什麼。對民眾來說，按喇叭的意思往往是「有危險」。但對過去曾被喇叭嗆聲的黑道大哥來說，按喇叭比較可能有「挑釁」的意味。到底是「有危險」正確，還是「挑釁」正確？答案是，視情況而定。

可惜，大腦並不擅長看狀況。大腦依循「節能省碳」的原則：最好盡量減少耗能，因此大腦在思考時常常偷懶，而變得有其盲點、帶有偏見或刻板印象。當「節能省碳」的大腦鼓勵我們直接採用第一個建議當作行動指南，我們就會很快相信「第一項搜尋結果」，並把它當作事實。

在選擇前如果能多停留一下，往往能看到其他建議。畢竟，現在這一刻的情境可能跟過去不同。

如何處理「想法」？

　　跳脫「對錯」的框架，我們得以用新角度看待「想法」。事實上，舉凡跟人有關的事，只要採用不同觀點、不同立場，往往就會有不同的判斷。因此，<u>不急著「判斷」很可能才是最好的判斷</u>。一旦我們貼標籤、下判斷，資料庫就會受到誘導，開始尋找符合這個判斷的訊息。這個過程會讓我們更深信自己當時的判斷。

　　舉例來說，約會前，你聽說對方過去是個花花公子，對異性很挑剔。當你採納這樣的判斷後，就會對他的言行舉止格外敏感。你發現，吃飯時他常常用手機，手機不時傳來通訊軟體的通知，感覺在跟很多人聊天。結合以上資訊，你更相信先前聽到的傳言了，開始覺得這個飯局沒什麼意義。於是，你也拿出手機來看，吃得心不在焉。

　　實際上，對方最近剛接了一筆生意，明天就是期限，但因為對你也很感興趣，故還是堅持要來跟你吃飯。他原以為自己忙得不留痕跡，沒想到都被你看在眼裡。終於忙完，可以好好吃飯時，他卻發覺你心不在焉，心想：「應該是對我沒興趣吧！」不想熱臉貼冷屁股的他，也開始心不在焉。於是，一場真相不明的飯局就這樣告吹。

　　如果可以練習用更開放的心態接納想法，並找出更多可能性，行動將會更有智慧。接納的意思是，知道有一些

想法、猜測、判斷出現了，並看見它們。但是，接納不表示「贊同」，不表示這些想法是對的，也不表示你在第一時間就得相信這些想法，照此想法行動。

　　就像是在看 Google 的搜尋結果一樣，多往下看看其他建議選項吧！問問自己：相信建議一能否對我的生活有幫助？這是一個「有用」的想法嗎？建議二呢？建議三呢？透過這個過程，協助自己判斷哪一個想法比較有「幫助」（而不是比較「正確」），然後再決定要依據哪個想法行動。

如何接納腦中紛飛的思緒？

❋ 妙計一：空中的雲、河上的落葉、馬路上的車

　　如果你是一個「易操煩」的人，想要好好面對腦中思緒如萬馬奔騰的窘境，在專注力練習時，可以輔助搭配下述比喻，來營造更容易接納思緒的空間。

　　接納想法時不需要改變想法的「內容」，只需調整你和想法之間的「關係」。過去，你把這些想法當成非得聽從的絕對真理，用這些想法來「定義」自己，使自己痛苦，因而想壓抑這些念頭。現在，我們只需微調自己跟這些思緒的關係：

- 你正坐在一張舒服的椅子上，看著眼前的藍天。你

一邊呼吸，一邊望著藍天。當你腦海中出現一個想法時，就想像是天空飄來一朵雲。你知道雲來了，但你不是「氣象局」，你不用分析它、處理它、回應它，都不用。你就只是再度調整呼吸，繼續望向藍天，讓這朵雲自己飄來又飄走。

- 你正坐在水聲潺潺的小河邊，看著眼前的河流。你一邊呼吸，一邊望著小河。當你腦海中出現一個想法時，就想像是河邊樹上飄下一片落葉。你看到葉子掉到河上，但你不是「生態學家」，你不用分析這片葉子、觀察它的紋路、評估它的重量，都不用。你就只是再度調整呼吸，繼續望向河流，讓這片葉子用它自己的方式落入水中，漂流離去。

- 你站在陽台上，望向下面的馬路。你一邊呼吸，一邊看著這條公路。當你腦海中出現一個想法時，就想像是路上駛過了一輛車子。你看到車子駛過眼前的馬路，但你不是「交通警察」，你不用攔下這台車臨檢、判斷車型、詢問車上載了誰、把紅色車子重新漆成白色或者跳進去搭這台車離開，都不用。你就只是再度調整呼吸，繼續望向公路，讓這輛車子用它自己的方式離開。

不管你覺得哪種比喻適合自己，都好。我想說的是，

無論是天空中的雲、河上的落葉、馬路上的車子，就算雲來了、雲走了，都不會改變天空的本質；落葉多、落葉少，也不會改變河流本身；馬路也一樣，不會受車子的影響，馬路就只是馬路。

天空不必壓抑雲朵，河流不必忽視落葉，馬路不必改變車子。我們的大腦也是一樣，就像一個容器，乘載各種如過客般的想法。想法不必然是「事實」，不見得永遠需要我們嚴肅以對。想法就只是想法，來來去去。

✴ 妙計二：用注音符號寫出來

透過一些看起來微妙的方法，我們可以試著把想法的真實性降低。在接納想法時，會容易些。

- 請把現在讓你很困擾、不太願意接納的想法，「ㄑㄧㄢ ㄅㄨㄓㄣㄈㄣˋㄠˋㄒㄧㄝㄔㄨㄌㄞˊㄎㄢˋ」（全部用注音符號寫出來看看）。寫完之後，盯著這些注音符號一會兒，觀察自己對這些符號的感覺。原本你覺得很在意的想法，現在給你什麼感覺？
- 請把現在讓你很困擾、不太願意接納的想法，全部拆解成一個又一個筆畫，逐一列出來。比方說，「我真是個壞人」，可以轉變為：

原本你覺得很在意的想法，現在給你什麼感覺？

- 請把現在讓你很困擾、不太願意接納的想法，濃縮成三到四個字的關鍵字，然後連續念二十次看看。原本你覺得很在意的想法，現在給你什麼感覺？

- 請把現在讓你很困擾、不太願意接納的想法，套在生日快樂歌或其他熟悉的旋律中，唱出來感覺看看。原本你覺得很在意的想法，現在給你什麼感覺？

＊ ＊ ＊

面對情緒，試著接納它，聽見它背後隱藏的訊息；而不是一味壓抑情緒，讓它反撲。對於想法，仔細檢查「大腦給的建議」對現在所處情境是否有幫助。如果有幫助，採納後做出行動。如果沒有幫助，接納它、放著它，不需壓抑或改變它，只需往下思考：有沒有其他可能性對此情境有幫助。

不過，這就會衍生出另一個問題，「有幫助」是什麼意思？要用什麼判斷？這是我們將在最後一章討論的重點，也就是「價值觀」。

第五章

不壓抑的防護罩：價值觀

價值觀是一種「自己選擇」的生活態度，

也就是說，它不是爸媽幫你決定的，

而是你思考過後所挑選的。

在選擇價值觀時，沒有「應該」、「一定」。

請放下這些社會賦予你的準則與標準，

用自己的心做為判斷準則。

接納之後，
認清自己的價值觀

　　若我們願意接納，就能在「刺激」和「反應」中間待久一點。而在這段珍貴的時間裡，我們可以好好想清楚幾件事：

1. 關於情緒：此刻的情緒感受在告訴我什麼資訊？這股情緒帶來的能量，正引導我去做什麼事？
2. 關於想法：我們是否要採納目前大腦提供的建議來行動？還是說，你發現這個想法對當下情境而言，其實不這麼「有用」？

　　若能把這幾件事想清楚，我們對於最後要做出的決定會更有信心。不管你最終選擇表達自己、選擇暫時不說、選擇出發、選擇休息，在我們知道「自己在做什麼」的基礎下，任何行動都是有智慧的行動。

　　「價值觀」是一樣好工具，可以用來引導我們判斷要

不要聽信想法和情緒的建議，讓我們更知道如何選擇最後的行動。

與許多個案工作之後，我發現，不少人這輩子花了非常多時間，努力消除各種「不舒服」。這些人心中常常有一個假設，以為把「不舒服」消除之後就會快樂了。但真相是這樣嗎？消除「痛苦」是否就等於帶來「快樂」呢？研究結果並不這麼認為。這也是過去心理治療常遭到詬病的地方，我們往往比較在意消除個案的「不快樂」，卻沒有帶領他們思考追求「快樂」的方法。

趨近快樂、避開痛苦是我們的天性，但有時痛苦實在太痛苦了，以至於我們把好多時間都留給了「避開痛苦」。價值觀可以引導我們趨近快樂，所以，遵循價值觀來過生活，就可以逆轉這種現象。更神奇的是，這麼做會帶來更多正面情緒，雖然這不表示我們「不會痛苦」，但價值觀可以讓我們更有能力接納痛苦，進而帶來更多快樂。

問問自己：如果有一天起床後，你的所有不開心、不愉快、不舒服，都神奇地消失了，那你的人生要開始做些什麼？想想這個問題之後，再問問自己：難道，非得等到所有痛苦都「被處理好」的那一天，我們才能開始做那些事、過自己想要的日子嗎？

選擇價值觀

　　曾到廟裡求過籤嗎？當你出於直覺「抽選」了一個號碼後，接著便可以到指定的解籤處，從對應的位置拿一張籤詩出來。上面會寫幾句話，可以提供一些你面對人生下一步的參考。

　　你可以把價值觀當作另一種人生方向的參考籤詩。只是，在選擇價值觀的時候，我們不是把決定權交給老天，用隨機的方式選號碼。而比較像是，把所有籤詩直接亮出來，讓你自己挑選。

　　價值觀是一種「自己選擇」的生活態度，也就是說，它不是爸媽幫你決定的，而是你思考過後所挑選的。在選擇價值觀時，沒有「應該」、「一定」。請放下這些社會賦予你的準則與標準，用自己的心做為判斷準則。

　　選擇任何一項價值觀之後，你不需要給自己任何「理由」。就像是有人比較喜歡紅茶，有人偏愛綠茶一樣。現實生活中，我們太常被要求給選擇一個「理由」了（因為綠茶比紅茶健康一點點）；不過，在價值觀的世界裡，你喜歡的價值觀就是適合你的。你不用滿足別人的期待，但也只有你能為自己的選擇負責。

　　我們在這裡用的是「選擇」價值觀，而不是「決定」價值觀。我們認為，價值觀並不是衡量一切利弊得失之

後所「決定」的，而是基於個人本身的主觀「選擇」。不需要根據任何理由、原因來「解釋」你的選擇。因此，在價值觀的選擇上，如果真要說出什麼原因，最適合的理由是：「我就是喜歡。」

在選擇一段關係的對象時，我們要做的，應該是「選擇」伴侶，還是「決定」伴侶呢？心理學家史蒂芬・平克（Steven Pinker）有段精闢的見解：

你怎麼能夠如此確定，未來的伴侶不會因為理性的原因而離開你呢？像是，如果有個十全十美的人搬到你家隔壁。所以答案是，不要接納一開始就基於理性理由而想和你在一起的人做伴侶；找一位「因為你是你」而承諾和你在一起的人做伴侶。

選擇同時含有「承諾」這個概念。很多時候，力量除了來自選擇之外，更是來自於「選擇後自己做出的承諾」。我們不是基於理性、比較、邏輯、Ｃ／Ｐ值或損益比做出決定，而是因為「我選擇，所以我承諾」。這正是價值觀最強大的力量來源，它是我們發自內心覺得重要的事。因為是我們「自己」選的，也就只有我們自己可以對它負責。在繼續了解價值觀之前，我們先來選出自己「目前」的價值觀。

價值觀選擇

我們從研究中找出32種生活風格，每種風格都各有特色與重點，沒有好壞與對錯之分。

請你讀完每項描述後，替每種生活風格打分數，5分表示「這完全是我要的生活方式」，1分表示「這完全不是我要的生活方式」。作答時，請記得「不需要給出任何解釋和理由」。沒有標準答案，但要對自己誠實。填寫答案時，請放下別人對你的期待、放下「應該」，選擇你真心嚮往的生活態度。此外，這裡想問你的是，你喜不喜歡、你想不想要，而不是「你能不能做到」。

1 這完全不是我要的　　2 這不太像是我要的
3 中立　　　　　　　　4 這是我要的
5 這完全是我要的

	1	2	3	4	5
1. 中庸：不多不少，尋找適度與平衡					
2. 初心：面對各種人事物時，都能像是第一次接觸一樣					
3. 隨遇而安：練習放下，順其自然，接納事物本來樣貌					

	1	2	3	4	5
4. 正念：對此時此刻的經驗保持意識，開放、好奇地活在當下					
5. 幽默：能從自己或世界中看到幽默，散播歡樂的種子					
6. 公平正義：在意且願意擁護正義、平等及公平					
7. 勇氣與冒險：願意面對害怕、威脅或困難，主動尋求、創造、探索					
8. 好奇心與開放：充滿興趣及開放的心胸，對未知進行探索及發現					
9. 順從與保守：尊重既有之規則、秩序，遵循過去傳承已久之傳統與道德					
10. 樂觀與希望：對自己與世界維持正面與樂觀的展望					
11. 仁慈與慈悲：理解生命苦的本質，愛自己與疼惜他人，以仁慈為行動依據					

	1	2	3	4	5
12. 自我探索與接納：重視探索、表達自己的經驗、需求、欲望與本能，接納這樣的自己					
13. 耐心與勤奮：冷靜、等待、全心投入，能堅定地繼續做下去					
14. 嚴謹與秩序：對自己的言行舉止有所控制，重視規則、規律與一致性					
15. 創意與彈性：思考、發想新概念，並能隨環境調適與應變					
16. 安全感：對於保護、確保自己或他人的安全感有所堅持					
17. 獨立自主：能照顧自己，選擇以自我決定、自我掌握的方式或理念思考與做事					
18. 感恩：對自己、他人及生活的各種層面懷著感恩的心					

	1	2	3	4	5
19. 負責與被信賴：可靠、有責任感，值得信任，願意給予承諾					
20. 平等／互相與合作：待人如己，建立平衡的給予和接受關係，能與人協調合作					
21 誠實與真誠：以誠實、真實且誠懇的方式待己待人，不欺瞞					
22. 挑戰／修煉與成長：不斷學習、練習及增進自己能力，享受進步的感受					
23. 宏觀不帶偏見：採取更廣闊的觀點，暫時停止評價，保持不偏不倚的觀察立場					
24. 付出與貢獻：慷慨助人、給予、分享、照顧、支持與幫忙，且付諸行動					
25. 變化與刺激：讓生活充滿改變與不同，享受感官經驗的刺激和樂趣					

	1	2	3	4	5
26. 謙和有禮：友善、隨和、有禮、謙虛					
27. 激勵與熱情：樂於鼓勵及獎勵自己或他人，提供活力與熱情					
28. 理性與務實：看清現實，依據知識／推論／可行性來思考與做決定					
29. 同理／尊重與包容：能設身處地感受他人，接納、包容、尊重每個人獨特之處					
30. 愛與被愛：擁有愛人的勇氣，也擁有被愛的自信					
31. 內在平靜與簡潔：讓自己內心平靜；簡化生活，不執著於不必要的需求					
32. 意義與價值：努力找出人生、生活與存在的意義、價值與方向，並以此前進					

盤點一下

在「5分」這一欄中，一共選擇了幾個價值觀？如果你有十項以上的價值觀都給了5分，這意味著你在人生旅途上要同時參考十幾個指北針來行動（很可能會動彈不得）。因此，建議你把這些5分的價值觀抄寫到下面的空格中，一邊抄寫，一邊想想，哪些是最近這段時間你覺得最重要的價值觀。如果過程中，你想到某些自己很在意，但不在這32項裡的價值觀，也可以把它填在這裡。最後，選出五項價值觀。

在不同人生階段，我們的價值觀也會有所不同。同時，價值觀也是「隨時」可以取捨改變的，請不要擔心現在選了之後就不能換。有彈性的轉換價值觀可以替生活帶來更多采多姿的色調。

最後，為了確定這些價值觀是你真心認為重要的，請看著最後留下的五個價值觀，然後問自己一個問題：「假如我做的事情別人永遠不會知道的話，我還願意選擇遵循這種價值觀過日子嗎？」照理說，面對你最後選的五個價值觀，你應該都要能回答「我願意」，這才是你真心的選擇。

價值觀行動

「用製造問題的腦筋去解決問題是行不通的。」(Problems cannot be solved at the same level of awareness that created them.)

——愛因斯坦

在「壓抑分析」時，我們得先看見外面怎麼了、自己心裡怎麼了，並且試著用接納的方式來靠近這些感覺、情緒與想法。接納的過程中，不舒服是很常見的感受。價值觀恰可讓我們騰出一個空間，來接納這些不舒服，也給了我們方向，引導之後的行動。

在本書開頭，我介紹了小美的故事。由於上班壓力太大，她壓抑了不少怒氣與不滿。壓抑的能量讓她養成暴飲暴食、追劇與熬夜的習慣（完整的故事，可以回頭參閱第24頁）。透過壓抑分析，我們可以把小美的故事整理成下面的架構：

刺激	→ 壓抑還是接納？	反應
A1外面（現實世界）發生了什麼事？ ● 上班壓力大，要學的東西太多。 ● 主管要求嚴格、吹毛求疵。 ● 要補學的東西實在太多了。	A2裡面（心理層面）發生了什麼事？ ● 情緒：對主管很生氣。 ● 思考：覺得被誤會很委屈。 ● 行為推力：想對主管飆髒話。 B壓抑 C用什麼方法壓抑？ ● 吃美食（改頭換面型，讓不舒服變舒服）。 ● 看影集動漫而晚睡（視而不見型，不想面對不舒服的悶氣）。 D壓抑的原因 ● 想保住工作。 ● 想維持和諧關係。 ● 怕說出內心話後不知如何處理。	E壓抑之後的反應： ● 短期效果：暫時不用面對壓力與不開心。 ● 長期效果：體重增加，一直晚睡，上班沒精神，更常出包，更常被老闆罵。

在與小美討論之後，我先鼓勵小美規律的進行專注力訓練。同時也告訴小美，碰到壓力時，腦中會出現這些感覺、想法和情緒，是很自然的反應；這種狀況也會出現在其他人身上。我們可以先接納這些經驗，知道這些想法和感覺基本上只是一種保護自己的反應。

我們也提醒小美，刻意用改頭換面、視而不見的方式壓抑，基本上是沒有效的。就算有，也只是短暫的。正如E這邊所寫的，長期壓抑的後果是：體重增加、一直晚睡、上班沒精神、更常出包、更常被老闆罵。

如果我們用接納來處理內心的情緒和感受，並遵循價值觀來做決定，事情會有什麼發展呢？

我們一起努力的目標是：讓小美慢慢接納因為外面的現實狀況（A1）而出現的想法和情緒感受（A2）。我們要接納現實就是如此，但接納不表示「投降」，外在的限制反而可以鼓勵我們用創意想出更好的解決辦法。

對於A2，我們讓小美理解這些情緒、想法出現的合理性和保護性，鼓勵她練習用接納代替壓抑，觀察自己常常用來壓抑的方式、選擇壓抑的原因；這正是我們在前三章練習的事。

也得提醒，專注力練習的效果往往不是兩、三天就會有感覺的，在練習的初始，最重要的提醒就是「養成習

慣」，以及抱持「實驗心態」。不要急著評價、急著看見結果。或許，想要在這個世代自在生活，這是必要的練習。至少，在處理壓抑這件事情上，當你不急著看見結果，結果就會自然而然出現。

刺激	壓抑還是接納？→	反應
A1.外面（現實世界）發生了什麼事？ ● 上班壓力大，要學的東西太多。 ● 主管要求嚴格、吹毛求疵。 ● 要補學的東西實在太多了。	**A2.裡面（心理層面）發生了什麼事？** ● 情緒：對主管很生氣。 ● 思考：覺得被誤會很委屈。 ● 行為推力：想對主管飆髒話。 ↓ **B.用接納代替壓抑** **C.觀察自己常用來壓抑的方法** **D.理解自己壓抑的原因**	**E. 依照價值觀來選擇反應：** ● **短期效果**：勇敢面對壓力與不開心，辛苦戒掉暴飲暴食和追劇的習慣，早睡。 ● **長期效果**：有更多時間精進自己的專業，工作表現更好，獲得老闆賞識之後，工作壓力反而變少了。

＊＊＊

　　規律的專注力練習，讓我們慢慢能接納腦中自然出現的各種情緒和想法。但同時，我們也引導小美做「價值觀選擇」的練習。她最後選出的五個價值觀是：

- 耐心與勤奮
- 誠實與真誠
- 挑戰／修煉與成長
- 負責與被信賴
- 自我探索與接納

　　選好價值觀後，許多人的反應是：「然後呢？」確實，光看這些字覺得挺不錯，但還需要一些翻譯和轉換，才能變成實際行動。不過，別擔心，這件事沒有想像中難，有時還很有趣。

　　腦力激盪是一種快速產生大量點子的活動。在進行價值觀活動時，可以自己進行腦力激盪，也可以找好朋友一起做。基本原則是：

- 盡可能把所有答案都拋出來。
- 想法太瘋狂也無妨，不要急著批評好壞或可不可能。
- 練習從原本的想法繼續延伸。
- 可以用寫的，也可以用畫的。

腦力激盪的題目是：在目前的情況下，○○○（自己的名字）可以怎麼做，好讓自己成為更有○○○○○○（某價值觀）的人？

在這種情況下，小美可以怎麼做，好讓她成為一個更「耐心與勤奮」的人？
- 回到國小教室，在房間畫「耐心樹」，如果今天的表現符合耐心原則的話，就得到一顆蘋果。標記20顆蘋果之後，去吃一次大餐。
- 思考自己學習進度比較慢的原因，找同事、前輩聊聊。
- 每天花時間做專注力練習（培養耐心）。
- 少看一點影集，安排進修計畫。

在這種情況下，小美可以怎麼做，好讓她成為一個更「誠實與真誠」的人？
- 吃誠實豆沙包。
- 跟主管溝通，先計畫一下要怎麼講自己的狀況。
- 請好朋友扮演主管，用角色扮演來練習溝通。
- 去問問其他人如何跟主管溝通。

在這種情況下，小美可以怎麼做，好讓她成為一個更願意
「挑戰／修煉與成長」的人？

- 去高空彈跳。
- 半年內完成半馬。
- 提醒自己當初為什麼要轉換跑道，把初衷整理出來，放
  在電腦桌面。
- 在網路上組讀書會，找一群對設計實作有興趣的人交朋
  友。

在這種情況下，小美可以怎麼做，好讓她成為一個更「負
責與被信賴」的人？

- 仔細盤點自己之前沒有做好的工作內容，找出自己犯錯
  的原因。
- 把自己常犯的錯誤寫下來，貼在辦公桌上。
- 好像還是要花時間精進本身的專業能力，老闆才會更信
  任自己。

在這種情況下，小美可以怎麼做，好讓她成為一個更能「自
我探索與接納」的人？

- 花時間練習專注力訓練，培養自己接納的心。
- 固定來做諮商，透過心理學的方法和工具更認識自己。
- 諮商之前先整理好自己最近的狀況，才會更有感覺。

我們先在這邊停一下，仔細觀察上面列出來的行動計畫。你會發現，這些行動計畫的本質，其實已經超越到底要選擇「壓抑」還是「宣洩」的問題了。有些行動看似壓抑，有些則像宣洩，但其實都不是。

這些行動計畫的本質，都不是要直接處理那些不舒服的想法或情緒，我們不把力氣用在「避開痛苦」上。相反地，我們選擇把力氣用在朝自己的理想人生邁進。把自己真正在意的價值觀轉換為具體行動，引導自己邁向更好的人生。

「跟主管溝通」看似「宣洩」，實則非然。我們並非不負責任的把自己內心的情緒、想法拋出來，然後拍拍屁股走人。我們「選擇」這麼做，也很清楚為何要這麼做、能達成什麼效果。我們慎選表達的方法，進行必要的演練，也有心理準備，這麼做可能會讓老闆不開心。

「花時間練習專注力訓練，培養自己接納的心」，這種行為看似「壓抑」，但其實不是壓抑。我們並非「否認」心中的感覺，只是用更健康的方式接納它，讓我們可以把力氣留給更必要的事情。

因此，在面對壓抑困境時，我們不應該停留在「壓抑」或者「宣洩」的二元化思考裡。當我們更認識自己腦中的感受、想法、情緒，更願意接納這些自然的產物，並懂得聆聽這些感受與聲音背後想傳達的訊息，但不急著照

它們的建議去做，而是回歸自己在意的價值觀，協助我們選出最後的行動。

這樣一來，我們就不會困在壓抑或宣洩的兩難中。帶著接納的心，以價值觀為基礎而採取的舉動，已經與壓抑或宣洩無關了，而是出於對這些經驗與價值觀的尊重。這是我們目前找到有效解套壓抑困境的方法。

與小美腦力激盪完，我瀏覽了上面的行動計畫，提醒小美，整理時請跳脫「對錯」、「好壞」的思維，回歸「可不可行」來思考。我請小美用可行性來替每一項計畫打分數：在目前情況下，愈可行的計畫給五顆星，不可行的計畫則給一顆星（例如「吃誠實豆沙包」）。接著，針對可行性比較高的計畫，我們繼續思考幾個問題：

- 哪幾個計畫，就目前來說是比較急的？
- 哪幾個計畫，就目前來說是比較重要的？
- 哪幾個計畫的施行，會牽一髮而動全身？

對小美來說，一個關鍵的「共通性」是進修這件事。當小美開始計劃進修、安排進修、投入進修（不管是去補習、組讀書會、還是上網修課）時，都正在實踐許多價值觀。

付諸行動

在第三章一開始，我們分享了曉宏的故事。因為在感情上遭到多次拒絕，使他不想要再次感覺「被拒絕的不舒服」。因此，他選擇用「不再去認識新女生」這種搞消失的方式來壓抑那些感受。我們可以把他的狀況整理成下頁的表格。

仔細看著壓抑的長期效果，曉宏發現這不是他想要的人生。在價值觀的練習中，他選擇的五個價值觀是：

- 愛與被愛
- 安全感
- 樂觀與希望
- 好奇心與開放
- 幽默

在尋找價值觀的過程中，他想起自己過去其實是很愛笑的人。對他來說，「幽默」是生活中很重要的事情，他喜歡讓別人開心，只要看到別人開心，自己也很開心。他

刺激	→ 壓抑還是接納？	反應
A1.外面（現實世界）發生了什麼事？ ● 人：自己。 ● 地：空房間裡。 ● 時：晚上十點，看完一部愛情浪漫電影《我就要你好好的》之後。 ● 事：剛看完電影，坐在床上發呆。 ● 物：桌上有出租店的DVD片殼。	**A2.裡面（心理層面）發生了什麼事？** ● 想法：拒絕一次就夠慘了，再來兩、三次……我要怎麼在系上活下去？ ● 情緒：失望、沮喪、害怕。 ● 記憶：回想起之前被拒絕的畫面。 ● 身體感覺：好想永遠縮在房間不出門。 ● 行為推力：感覺被棉被和床給牢牢吸住。 ↓ **B.壓抑** **C.用什麼方法壓抑？** ● 再也不去認識新朋友（搞消失）。 **D.壓抑的原因** ● 覺得被拒絕很不舒服。 ● 覺得自己無法再承受這種不舒服。 ● 覺得被拒絕的感覺很失敗。	**E.壓抑之後的反應：** ● 短期效果：讓自己不用面對被拒絕的痛苦。喝酒、玩電動、看電影的時候很放鬆。 ● 長期效果： 1. 雖然不用面對被拒絕的痛苦，但是另一種痛苦「孤獨」卻出現了。 2. 更沒有機會認識自己喜歡的人，發展真正的親密關係，而這對自己來說其實很重要。 3. 有可能會網路成癮，或開始酗酒。 4. 過度沉迷於看電影、玩遊戲，開始養成晚睡習慣，身體漸漸變差。

赫然發覺，為了「逃避痛苦」，自己居然忘了原本這麼重要的事。

在取捨價值觀的時候，他不得不發現「愛與被愛」這件事對他來說其實還是很重要，他一直無法捨棄。壓抑時，我們可以找各種理由來騙自己。但是選擇價值觀時，不必出於任何理由，反而讓他無法自我欺騙。我們也跟曉宏針對下列題目進行了一次腦力激盪：「在這種情況下，我們可以怎麼行動，好讓自己成為一個更富有『愛與被愛＋有安全感＋樂觀與希望＋好奇心與開放＋幽默感』的人？」

以下是我們陪曉宏把找到的可能性整合在一起的結果：

1. 練習用幽默的角度理解過去追女生失敗的經驗。

2. 對「失敗」這件事情用好奇心去理解可能的原因，然後找到一些可以讓自己變得更好的方向。

3. 花時間「投資」自己，讓自己對自己更有信心，這樣比較會有安全感。

4. 多傾聽朋友追女生的故事，對各種方法保持開放態度，提醒自己不要一直用同樣的方法去認識異性。

5. 偶爾允許自己去看電影、玩遊戲、喝酒，但時常提醒自己，過度並不好。愛別人之前，得先學會愛自己。

用你的價值觀腦力激盪

依循上面的步驟，現在換你來替自己所選的價值觀進行腦力激盪了。你可以先自己嘗試，或者找朋友陪你一起想想看。請在底線部分填上你的名字，以及你選擇的五項價值觀，然後試著想出各種點子來回答這些問句。

問題：在目前的情況下，＿＿＿＿＿＿＿＿（自己的名字）可以怎麼做，好讓自己成為一個更有＿＿＿＿＿＿＿＿（價值觀）的人？

價值觀	行動計畫	緊急性（1～5）	重要性（1～5）	可行性（1～5）
	1-1			
	1-2			
	1-3			
	2-1			
	2-2			
	2-3			

	3-1			
	3-2			
	3-3			
	4-1			
	4-2			
	4-3			
	5-1			
	5-2			
	5-3			

綜合評比可行性、緊急性與重要性之後，你會先從哪一個計畫開始行動呢？

善用方法，幫助自己找到新行動計畫

　　除了腦力激盪之外，還有其他方法和點子，可以幫助你找到更多行動計畫。價值觀有個特色，就是同一個價值觀可以用無數種方法來實踐。以「自我探索與接納」為例，除了上面提到的練習專注力訓練、接受諮商之外，事實上，正在閱讀本書的你，也正踏在「自我探索」的路上！

✳ 提醒自己人生是一場遊戲

　　放下嚴肅的心態，會讓我們找到更多可能性。條條大路通羅馬，很多大路其實已經存在我們的腦中，只是我們太過社會化的思維，會在大路剛出現的時候就喊「卡」，這一點很可惜。在「遊戲」的世界裡，「輸」也是很重要的——輸是為了醞釀之後的贏。

✳ 和朋友討論

和朋友分享你最近的狀況，以及你挑選的價值觀，借助他人的眼睛來看待你遇到的狀況和所處情境。問問他們會怎麼做？在這種情況下，他們會用什麼方法來達成你選擇的價值觀？

✳ 轉換視角

想像幾位你很崇拜、佩服的人物或英雄，站在他們的角度來思考：遇到類似的狀況，這些人會做什麼舉動來靠近這些價值觀？你的偶像會如何用他的方式實踐這幾項價值觀？

把大任務拆解成小動作

通常，列完行動計畫之後，我們會覺得備受鼓勵。但事情到這裡還沒結束。我們還要把這些「大方向」拆解為具體的「小目標」。畢竟，要一口氣處理這麼多計畫，是不太實際的。我們可以先從這些可能性當中，挑選幾個首要方向來執行。

在安排好目標之後，我們也需要一些判斷「目標是否達成」的原則。我們可能真的跟朋友約了見面，結果一句原本想聊的事都沒提（不管是因為害羞不敢問，還是場地

不適合等等）。替目標設立可以評量的依據，也是讓目標更可行的做法。

在剛剛讓目標更具體、更具可評估性的過程中，把大大的任務，拆解成小小的動作，並確認這些流程是真的可以達成的。就像是傢俱組裝說明書一樣，看著眼前散亂的零件，我們很難相信自己真的有辦法把傢俱組起來。但是，透過說明書一頁頁的引導，每次我們只要專心在一個步驟上就好，最後真的可以逐漸達成目標。

最後，還有兩個小提醒。首先，設立目標之後，你要確認「真的可以達成」，特別是要考量到你目前的狀況。很多時候，我們會感到挫敗、失敗，是因為我們一直設立高於目前能力的目標，不管是現實上的限制，或是自己本身的限制，都得留意。最健康的目標是，超出我們現有能力一點點的目標。超過能力太多或者過度簡單的目標，對我們價值觀之旅的幫助不大。

同時，我們還需要留意一個很容易忽視的框架，就是「時間」。設立目標的時候，我們應該依據現況，替每個小步驟務實的安排「應該完成的時間」。不然，我們內心的惰性很可能會一直告訴我們：「今天的肥，明天再減。」或其他類似的拖延話術。把上面幾個原則整理起來，剛好可以成為SMART的目標設立法：

- S（Specific）：目標是否夠特定、夠具體，就好像你可以讓朋友幫你去做，且他也真的知道要怎麼做一樣。

- M（Measurable）：目標要有評量的依據，不然很容易流於形式；如果你要請你的好友去做一件事，你如何評估他是否達成了？知道自己達成了，往往是種鼓勵。知道自己還沒達成，也提醒我們是否應該嘗試新方法，或者調整目標本身。

- A（Attainable）：目標是可以一步一步達成的嗎？透過目標的「切割」，就像是傢俱組裝步驟一樣，一次專注做一件小事就好。

- R（Reasonable）：對於目前自己的身心狀態、外在環境來說，這個目標是否合情合理？不會太難，也不會太簡單？

- T（Time-Framed）：每一個小步驟，我們預期在什麼期限前達成，才能讓我們在理想的時間內完成整個目標？

用SMART來檢驗計畫的可行性

回到你之前腦力激盪時寫的行動計畫，挑選一個可行性比較高、重要與緊急程度也高的項目，寫在下面的「原始計畫」中。接著，依循SMART原則，逐一修改原始計畫，讓原始計畫變成「確實可以成真」的計畫。

【範例】

原始計畫	為了健康，我要運動。
S 改版	**目標要夠特定、夠具體：** 我要做的運動是慢跑和游泳。
M 改版	**評估目標是否達成的指標：** 慢跑的話，每週進行兩次，一次30分鐘。
A 改版	**把目標變成一個、一個小步驟：** 1. 每週一和週三，一下班就準時回家。 2. 回家之後，先不吃飯，換好衣服到附近國小操場。 3. 先慢走一圈，至少開始跑半圈，再看狀況決定要繼續跑還是走。
R 改版	**以自己的狀態、外在現實為依據，讓目標更合情合理：** 之前沒有慢跑的習慣，現在設定最低目標是至少跑半圈，其他要用走的或跑的都可以，但就是要維持半小時的運動量。
T 改版	**替每個小目標安排合理的時間限制：** 今天是禮拜五，就從下週一開始，先試著維持一個月看看，之後再視情況調整計畫。

原始計畫	
S 改版	目標要夠特定、夠具體：
M 改版	評估目標是否達成的指標：
A 改版	把目標變成一個、一個小步驟：
R 改版	以自己的狀態、外在現實為依據，讓目標更合情合理：
T 改版	替每個小目標安排合理的時間限制：

成為「叛逆者」
的練習

當我們諮商時鼓勵個案把力氣留給「趨近快樂」，而不是「減少痛苦」時，許多人合理的納悶是：「這樣做真的會有幫助嗎？我們難道不應該先把壞心情處理好，再來過日子嗎？」在這邊，我想用一間廚房的故事來試著回答這個提問。

治療憂鬱的神祕廚房

在美國康乃狄克州的伯利恆鎮，一群臨床與實務治療師開始嘗試用「廚房」做為治療憂鬱、焦慮、負面思考的基地。烹飪、烘培為什麼可以治療憂鬱呢？背後的原因到底是什麼？

在這個看似「烹飪課程」的療程中，包含幾堂課：

● 教導學員如何替自己準備健康食材，學習烹飪，吃得健康。

- 一步步跟著食譜做菜，學習專注在烹飪的過程，進而懂得紓解壓力。

　　上過課的學員說，當他們集中心力在做菜時，其實無法想太多。畢竟一恍神或分心，就很可能會切到自己的手。設計課程的心理學家背後使用的原理，稱為「行為活化」（behavioral activation）。

　　之前提過，我們的心情、想法和行動之間會互相影響，改變想法會連帶改變心情與行動。而行為活化理論發現，改變「行動」也可以改變我們的想法和情緒。

　　在專心烹飪的過程中，我們練習的正是：「設立目標（煮菜）→具體行動（跟著食譜做）→完成目標（把菜煮好）」。這個過程對很多心情不好的人來說，正是一種小練習，在煮菜的過程中，慢慢感受到心情（我好像沒這麼不開心了）與想法（原來我也可以煮出一道不錯的菜）的改變。

　　在廚房裡，我們還可以看到人際之間的連結。透過團體合作、分工與分享，來上課的夥伴感受到濃厚的歸屬感，以及自己對團體有所貢獻的感受。研究發現，參與過這種烹飪課的人，在專注力、自信心和成就感上都有所提升。

　　有趣的是，這種烹飪課並不打算處理任何憂鬱情緒

與負面思考，而是把焦點直接放在「烹飪帶來的新體驗」上。這種行為活化的精神與價值觀不謀而合。我們不要太認真投入「逃避痛苦」的話題，反而深入思考「怎麼讓自己過得更好」，然後，實際行動。我們真的不必等痛苦消失才能出發。

所謂「做自己」，到底是什麼意思？

當你想「做些什麼」的時候，觀察一下你內心的「保護機制」在對你說什麼？而你在聽到這些「建議」時，第一個反應是不是想乖乖照它說的來做？還是，你有勇氣成為自己心中的叛逆者，照自己真心的想法來行動？

壓抑讓我們無法做自己。有時，我們要「不乖一點」，才是真的「做自己」。雖然我們應該聆聽自己內心真實的聲音、想法、渴望、情緒和感受，但聽見不表示我們得完全照著這些「生物保護本能」來行動。真正的做自己，是出於自由意志的選擇。我們謝謝大腦好意提供的建議，知道大腦是為了保護我們才這麼說。

比方說，此刻你內心一直告訴自己：「我要把這本書撕光光。」內心喊話十幾次，好像你真的想這麼做一樣。當你一邊對自己這樣喊話，一邊優雅地閱讀下去，這就是「不聽話」。其實沒那麼難，只是需要練習。

我們知道，不聽大腦的建議，感覺有點可怕。不過我

們也知道，熟能生巧。練習「不聽話」很多次之後，下次要「不聽話」就容易多了。所謂「不聽話」，不是什麼都不聽，而是專注選擇真正該傾聽的是什麼。

當我們的內心說：「別再去告白了，你一定會失敗，失敗很不舒服。」我們選擇不聽話：「我還是要去告白。」當我們的內心說：「別再嘗試了，躲在家裡吧，不要去工作了！」當它說著許多看似保護你的種種安慰時，問問自己真正在意的到底是什麼：是一輩子受限，但感到安心（一種安心的假象）？還是冒一點險，去追求你真心在意的一切？

試試看反其道而行

在心理治療中，「不聽話」又被稱為「相反的行動」（opposite action）。我們不是忽視內心的聲音，我們接納它，允許它存在，只是我們不遵循這些聲音的命令來行動。

當你覺得好累，想就這樣讓自己陷在床上，不做任何事，心裡覺得「反正做什麼都沒用」……不妨試試下列方法：

- **觀察一下內心的感受**：情緒低落。
- **理解這個感受背後的原因**：身體想保護自己，讓自己好好休息。

- **觀察這個保護是否過度**：有可能，因為我已經躺在床上快整整三天了。
- **如何不聽話**：我想坐在床上，而不是躺在床上。

　　你可以從非常小的步驟開始練習不聽話。當你的腦袋說：「你應該繼續賴在床上。」你聽見這些聲音、接納它，但不表示你要「認同」或「相信」這個聲音。就像你在LINE上看到流傳的長輩圖寫著「認同請分享」時，因為你不認同，所以你只是看見它、知道它，允許它在此處存在，但不選擇按照圖上的建議做。你可以對大腦說：「謝謝你的建議和提醒。不過，我就是想坐在床上。」

　　當你不聽話時，大腦可能會不高興地說：「看吧，坐著是不是很不舒服，快點躺著吧，什麼都別做，你真的很累。」記得，不論是跟這些聲音辯論或者壓抑它們，都沒有幫助。你只需聽見這些聲音，然後記得想想自己的價值觀。你發現內心的價值觀想過的其實是精彩豐富的日子，是重視人際連結的生活。於是，你鼓起勇氣不聽話——拿起手機，邀請一位好朋友來家裡玩。

　　朋友帶了一點食物來，還邀了另外兩位朋友。說也奇怪，當你在做自己認為重要的事（和朋友相處，而不是「躺在床上」。躺在床上是大腦說要做的事，不一定是你真心想做的事），原本那種沒有朝氣的感覺反而開始改變了。弔詭

的是，你並沒有刻意改變那種「沒有朝氣」的感覺，也沒有認真卯起來把沒有朝氣改為「很有朝氣」。

在你遵循價值觀過生活時，活力就慢慢出現了。你可能也會發現，執行價值觀的時候，多少還是有點沒力，大腦仍舊在呼喚：「快點休息吧，你很累，什麼都不想做。」儘管這些不舒服還是在，但是價值觀就像保護你的防護罩，讓你雖然不舒服，卻有勇氣接納這些不舒服。

反轉思考的練習

　　下面是一些大腦時常對我們「喊話」的例子。請從你剛剛挑選的價值觀中，隨機填在「價值觀」這一欄，然後想想看，如果你的朋友困在這些大腦的喊話裡，你可以鼓勵他們怎麼不聽話，好使他們更靠近這些價值觀？

大腦的喊話	在意的價值觀	可以怎麼「不聽話」
「別去認識新朋友，這實在太可怕了！」		
「吉他也太難了吧，我永遠都學不會，早點放棄比較輕鬆。」		
「下禮拜的報告真討厭，還是幾天後再準備吧！」		
「他不可能對你有意思。而且，女生主動追男生，別人會怎麼想？」		

價值觀帶來意義與勇氣

　　每個選擇的背後，都帶著某些意義，價值觀也不例外。這些意義像疫苗一樣，可以保護我們面對之後的「不舒服」。只是價值觀這類疫苗作用的方式不是把「不舒服」趕盡殺絕，而是讓我們更能接納這些不舒服。

　　不過，聽從價值觀行動，是否表示未來會一帆風順呢？當然沒這麼好的事。如果你把「選擇價值觀」當作逃避、壓抑的替代方案，這樣仍是行不通的。接下來，我們來討論一些與價值觀有關的迷思與誤會。

行動計畫不保證「舒服」

　　「為什麼我覺得要是實踐這些行動計畫，好像會再次感覺不舒服？」

　　事實上，這個顧慮是對的。行動計畫不是為了讓你「舒服」而存在的，而是要透過行動計畫，讓你的人生更靠近理想。至於這段過程會讓你感到舒服，還是不舒服，

我們不敢保證。我們的立場是：即使不舒服，那也是我們可以接納的；我們比自己想得更堅強。前提是你願意相信自己，也給自己空間去實驗。

其實，做有意義的事情，帶來的不全然是快樂。以養育孩子為例，客觀來說，孕育小孩其實相當痛苦，母親會增加體重、身體痠痛、嘔吐、害喜、不能隨意行動，過程一點都不舒服。至於生產過程的痛就更不用說了，有人說生產的痛相當於自焚、斷指的痛，是最高等級的疼痛。

但我們要反過來問，是什麼力量支持每位媽媽渡過這段辛苦的日子？對很多人來說，答案就是「愛」這個價值觀。愛讓母親可以承受過程中的不舒服與痛苦，讓父親願意半夜爬起來照顧哭泣的嬰兒。即便過程如此不適，但我們因為在意，而願意接納這些痛苦。

快樂藏在過程裡

快樂通常不存在於「達到某處」時，而出現在「往某個目標靠近的過程中」。比方說，籌備一場活動許久，終於讓活動順利展開、落幕。很多人回首才發現，籌畫過程的點滴才最讓人感到快樂而有意義（雖然籌備時累得要死要活），而不純然是「完成活動」本身讓人喜悅。在我們邁向目標的路上，快樂蘊藏其中。達到目標時，我們會快樂，也難免失落。但好消息是，價值觀是永遠無法抵達

的，價值觀沒有終點。我們可以設定各種「目標」來更靠近價值觀，但永遠不會「抵達」某個價值觀。

以「愛與被愛」為例，即便目前沒有對象，我們也還是可以用「愛」的精神過日子：以友善的心態面對每一位新認識的朋友。即便一段感情不得不結束，我們也還是可以帶著愛好好告別（雖然過程會很不舒服，但這是正常的，也是我們有辦法承受的，只是需要時間）。感情結束之後，「愛」的價值觀並不會結束。又或者一位已婚人士不會因為已經結婚，就認為自己已經達成愛的價值觀，他還是可以思考各種彰顯愛的作為，來實踐愛的價值觀。不管在什麼狀態下，我們都可以思考各種靠近價值觀的方法。

我們永遠都可以把價值觀當作指北針，引導我們往特定的方向前進。指北針所指引的地方，並不是「樂土或天堂」，不保證路途一定舒適、快樂，但若你所選的價值觀是出於真心，就算過程很辛苦，你也明白這種苦的意義是什麼。雖然苦，卻甘之如飴。

意義會帶來吃苦的勇氣

你覺得「挨餓」舒服嗎？回想一下過去曾因為工作、趕東西而太晚吃飯的經驗，相信對大家來說並不好受。

不過，每年總有一天會有一群人聚在一起夜宿，在

硬邦邦的地板上席地而睡，只靠有限的食糧和水，度過三十小時，而且他們還是自願的。你覺得這種行為該如何解釋？這些人為什麼選擇這麼做？

從「意義」的角度出發，就能夠理解這種「刻意追求痛苦」的非常態行為了。意義賦予了這群人挨餓的決心、也提供了支撐他們度過這段痛苦時間的勇氣。

這是「飢餓三十」的活動，在這三十小時中，所有成員都透過這樣的體驗來感受遠方許多處於天災、飢餓中孩童的困境。對參與者來說，他們雖然都挨餓著，但是心中所想的卻不同：有人是為了更加認識這個世界，有人希望透過此活動體悟珍惜與感謝的重要，有人因為想陪伴重要的家人而一起出席活動。

這群人看起來都在做一樣的事（挨餓），卻出於不同的原因。原因背後的出發點，亦即「為什麼要這麼做」，其實就是意義所在。倘若我們真心信仰這樣的價值觀，意義感就能回過頭來支持自己，讓我們得以接納、度過挨餓時的辛苦。而這樣的辛苦，也回過頭來彰顯了意義的價值。

賦予意義會反過來影響感受

我們的「詮釋」會影響許多事情。一瓶礦泉水，和自來水煮開後的水，本質其實差不多。但媒體和文化賦予瓶

裝礦泉水「清淨、優質、高質感」的意義，於是它喝起來的感覺就是不太一樣，使得礦泉水成了市面上單價比石油還高的奢侈品。

「賦予意義」甚至會反過來影響我們的感受。有個經典研究是這樣的：我們把同一瓶紅酒貼上不同價格的標籤（一瓶299元vs.一瓶1299元），讓參與研究的人看到，接著邀請他們在腦照影儀器裡面品嚐不同價格的酒。照理講，這兩瓶酒其實是同一瓶，所以，當我們在判斷酒是否好喝時，大腦對這兩杯酒的處理應該是類似的。

但是，（即便是我們武斷認定的）「價格」賦予了相同紅酒不同的意義。受試者多半覺得標示1299元的酒比較好喝。更有趣的是，腦照影過程發現，在品嚐不同紅酒時，我們處理味覺的腦區活動是差不多的。但奇怪的是，受試者卻覺得1299元的酒比較好喝，怎麼會這樣？關鍵在於，受試者喝兩杯酒時，負責「意義」、「判斷」的腦區（前額葉皮質內側）活動程度不一樣，在處理1299元的紅酒時，此區域特別活躍。也就是說，對事物賦予的意義，會反過來影響我們看似公平的味覺感受。

我們賦予事件的意義，顯然對我們的感受有極大的影響。價值觀就像是剛剛的1299元標籤一樣，只是，價值觀是我們主觀、真心地相信與認定它的重要，而不是研究者秀給我們看，或者別人要我們這麼相信的。也就是說，

如果你選的價值觀不是發自內心覺得重要的，那這個價值觀對你的幫助就不會這麼大。

痛苦有時候是為了彰顯意義

懷胎十月，人類是少數懷孕過程漫長的生物。這數月的痛苦，彰顯了人類生命的價值。因此，我們會把嬰兒視為珍貴的生命，需要照顧，不可疏忽。母親每晚難以入眠、腰痠背痛、嘔吐，乃至於最後經歷生產的辛苦，這些痛苦經驗彰顯了眼前這個生命的珍貴與價值。舉個完全相反的例子來想像：如果今天人類孕育生命的過程非常輕鬆，喝口水就能受孕，然後生小孩就跟上廁所一樣輕鬆，那我們可以想到的畫面大概是，路邊會有非常多棄嬰。

同樣概念可以延伸到其他人類才會做的事，例如雲霄飛車、高空彈跳、衝浪、跳傘、舉重訓練、恐怖片。一旦我們把這些經驗當中痛苦的部分移除，這些事情的意義就都不在了。

因為價值觀，你選擇去做某些事情。因為你在意「愛與被愛」，你選擇冒著風險去表達好感。過程中，「不確定性」、「害怕被拒絕」、「感覺自己的脆弱」這些可能感受到的負面經驗，就像「辣」一樣，是「愛與被愛」當中的重要材料。如果每段戀情都只有開心、浪漫、甜蜜，那愛就會變得沒那麼珍貴。

價值觀與背後蘊含的意義，讓我們比較能接納過程中的辛苦，也讓過程中的正面感受變得更珍貴。路上隨手買的圍巾和母親織給你的圍巾其實差不多，用同樣的材質、份量與織法構成（外面賣的圍巾可能編織得更好）。但是，在寒冷的冬天披上「母親為你織」的圍巾，感覺就是不一樣。

找出你的生命意義

請想像一下，有一天你去世了，但你的靈魂還在世間逗留。接著，你來到了自己的告別式。你會看到哪些你最重視的親朋好友、哪些對你生命極具意義的人，不管他們現在是否還在世上，你都可以邀請他們來參加你的告別式（畢竟這是想像練習）。在代表致詞的時候，你覺得會是誰上台替你介紹你的一生，你希望他如何描述你的一生？在他們眼中，你是一個怎樣的人？他們懷念你的什麼？

我希望誰會出席	我期望他怎樣描述我這個人

　　一般來說，我們通常不會因為「月薪數十萬元」而緬懷一個人。我們懷念的往往是那個人的個性、他做的事情、他內心良善與有所堅持的那一面。我們也不會記得，那個人曾經有三個禮拜脾氣很差；但我們會記得他曾經用滿滿的愛來陪伴小孩度過幸福的童年。

　　你希望自己如何被他人所記得，這當中充滿許多你在意的價值觀。請試著停下來想一想。你也可以將這邊寫的內容，與剛剛你挑選的價值觀做點比較，試著釐清自己真正在意的價值觀。

實踐價值觀時，
如何面對他人的情緒？

　　價值觀讓我們跳脫「壓抑」或「宣洩」的二分法，把力氣用來思考「當下該做什麼」。盤點價值觀之後，你會發現，有相當多價值觀需要與他人一起實踐，不管對方是家人、朋友、同事，或者是陌生人。

　　價值觀行動像是一場冒險，不會總是「舒服」。除了得處理自己內心出現的情緒之外，有時還得面對其他人的情緒。一位在意「愛與被愛」的人，在與伴侶相處的過程中，不太可能完全避開爭執。一位在意「挑戰與冒險」的人，在追求事業成長時，不太可能完全不需要面對意見分歧或衝突的情境。因此，在我們實踐價值觀時，學會面對他人情緒是很必要的技能。

　　不過，別擔心好像又得學新東西了。在與他人互動時，我們應對他人情緒或想法的原理，就是我們之前一直在自己身上練習的「接納」。我們在注意力練習中，用來接納自己情緒、想法的做法，就是在與人互動時，可以用

來接納他人情緒與想法的做法。

停、看、聽

面對情緒，我們通常不太舒服。如果是面對自己的情緒，我們要試著接納自己的不舒服；而在與人互動時，我們也可以練習「接納對方的情緒」。別忘了提醒自己，處在情緒狀態下的對方，其實也很不舒服。

具體做法的第一步就是先停下來，看看對方，傾聽對方，讓對方感覺到「我有感覺到你的感覺」，試著把注意力放在對方身上，給對方說話的機會，讓對方有充分的空間可以表達他的情緒。傾聽時，不打斷、不制止、不判斷內容的對錯，就只是聽就好。就像在專注力練習時，接納意味著把舞台讓出來，允許任何思緒和情緒進來。與他人互動時，我們把舞台留給對方，允許他安排任何演員出場。我們不急著派自己的演員去台上影響對方想傳達的話語。

傾聽時，別忘了「看見」。除了聽見語言與想法之外，也可以多留意對方的情緒，甚至是去看見對方身體的感覺，這些「沒說出來的話」，有時候只能看見，而無法聽見。

我們可以看看對方的姿勢、臉部表情、眼神，還有說話的速度、音量等等。這些可以看見或聽見的訊息稱為

「非語言訊息」，有時比語言訊息還要能反映一個人的狀態。有時，對方看似生氣，但當你仔細感覺對方的狀態，卻可能發現對方生氣的背後其實是害怕或難過。

練習先當一面鏡子就好

傾聽後，別急著回應。請在「刺激」（對方說的話）和「反應」之間待久一點。在回應前，請先確認自己有「捕捉到」正確的訊息。很多時候，誤會是因為彼此根本沒有聽懂（甚至是聽到）對方真正想說的話。

我們可以像一面鏡子一樣，把剛剛接收到的資訊重新整理之後回饋給對方。回應時不加油添醋，就只是如實的反饋對方自己剛剛聽到的訊息。「從老闆剛剛的話裡，我聽到的是，你對我這個月的業績不滿意。我看到老闆的生氣，也感覺老闆對我有些失望。不知道老闆心裡的感覺是不是這樣？」我們可以用這種方式，把對方的想法、情緒整理出來，與對方核對自己是否接收到正確的訊息。唯有正確捕捉到對方提供的資訊，我們的回應才是有效 的。

在準備回話之前，記得幾個祕訣。首先，不要急著辯解或反駁，先讓對方感受到「我有感覺到你的感覺」，這是打開對方心扉的鑰匙。不管你是否「認同」對方的情緒，請都允許對方可以有他的情緒。至於對方說的話，你可能覺得不正確，但也請練習尊重對方可以在這樣的情況

下有這樣的想法，就像是他大腦裡的搜尋引擎在做建議一樣。接納不表示贊同，接納就只是允許。當我們願意接納對方的情緒、感受時，我們之間溝通的空間就會變大，對方才有機會做出不同的選擇。

回話祕訣：你為什麼不問問價值觀呢？

動畫《海綿寶寶》裡，有一集故事描述海綿寶寶撿到神奇海螺，這海螺有一條棉線，每拉一下，就會傳來一句話。當海綿寶寶遇到決策瓶頸時，他的好友派大星就會提醒他：「你為什麼不問問神奇海螺呢？」

價值觀就像是這個神祕的道具，你可以把價值觀當成可靠的朋友或顧問，當你不知道怎麼回應比較好時，請你問問當下你最在意的價值觀：在這種情況下，我可以怎麼說？

- 問問你心中的「好奇心博士」，在這種情況下，他會說什麼？
- 問問你心中的「安全感達人」，在這種情況下，怎麼說可以創造更多的安全感？
- 問問你心中的「愛與被愛天使」，在這種情況下，如何散播愛的種子？

不急著替對方的情緒和想法負責

很多時候，我們會急於辯解或提供建議。這意味著，我們內心認為，對方會出現這樣的情緒和感覺，是我們的責任，才會想透過辯解或建議的方式，改變對方的情緒。

以之前提到的「業績不如預期」為例，我們真正可以負責的是「業績」這件事，而不是主管因為員工業績不如預期而產生的「情緒」。我們要練習聽見對方「情緒之下」的訊息，從中找到改變的關鍵；不要只專注在對方釋放出來的情緒上。

允許對方自在表達情緒與看法，不表示我們在縱容對方，也不代表我們覺得對方是對的。就像專注力訓練一樣，面對各種出現的想法和情緒，我們理解、接納，但不必認同、喜歡，或覺得這些經驗是正確的。

當我們接納對方的情緒，適度反饋給對方知道時，就像我們在陪伴對方一起練習整理他的情緒。光是點出情緒、替情緒命名，就能夠稍微讓情緒降溫，同樣道理也適用在人際互動上。情緒一旦舒緩，才可能有建設性的溝通。

溝通時，除了思考自己的價值觀之外，也可以練習去探索對方在意的價值觀是什麼。很多時候，情緒的出現很可能是因為某些價值觀被犧牲而造成的。這種狀況下，如

果我們能讓對方感覺「我知道你在意的是什麼」，也更能有效地讓對方感覺到自己被理解，進而更願意好好溝通。溝通的主題不再是「誰輸誰贏」，而是我們可以用怎樣的方式滿足彼此的價值觀，共創雙贏的局面。

用耐心去磨合

就像在專注力練習一樣，一而再、再而三的實踐「耐心」是練習的重點。這一點也適合用在溝通上。良性溝通不是一蹴可幾的，而是像跳雙人舞一樣，要一邊摸熟自己的舞步、理解自己的限制，一邊這樣對待對方。接著，我們才能一起思考，如何創造出可以同時滿足雙方腳步與身形的舞步，進而合舞。

當你的價值觀認為，與對方找出合舞的舞步很重要時，就請用耐心去磨合吧！雖然磨合過程一定會跌跌撞撞，彼此都會有不開心的時刻，但這種爭執、跌倒、吵架卻是必要的，痛苦的經驗會讓雙方更清楚地認識彼此；特別當對方是你在意的人，像是家人、小孩、伴侶或重要的朋友、同事時，這個過程更重要。用耐心來練習跳好一支舞的過程，也會讓我們看見彼此身上更多的亮點。

如果你以價值觀為基準來思考當下的處境，結果發現，與對方練出合舞的舞步並不是最重要的事，或者，對方根本沒有意願要跟你好好溝通，你意識到原來一起練出

合舞的舞步，或許是不切實際的選擇時，似乎就不必執著於要「好好溝通」了。釋出誠意與善意之後，若對方仍不願溝通，那我們要思考的或許不是「該如何繼續溝通」，而是「為何自己仍執意要和對方溝通」。請召喚你的各種價值觀專家出場，思考在這個局面下，除了繼續溝通之外，是否有其他更有幫助的做法。

等到我們該做的都已經做了，倘若對方仍無動於衷，我們這時還能做的其實就是安頓自己。至於其他可能性，或許不需執著於現在，給彼此一些時間醞釀與發酵。畢竟，溝通型態往往不是兩、三天就能改變的。因此，最後的提醒是：請耐著性子，先照顧好自己再說。

不壓抑，
如何好好說？

壓抑的破解之道是「接納」，看見情緒與思緒，聽見內心的聲音。至於要不要表達出來，則依據「價值觀」來決定。如果表達出來可以讓你更靠近價值觀，那你就應該這樣做。但這又衍生出另一個問題：該如何告訴別人自己原先壓抑在心裡的感受？

以「我」開頭的說話方式

「你為什麼還不回家？」

這句話給人的感覺如何？有些人覺得，這不過是個問句；有些人感覺遭到質問；有些人則覺得聽起來很兇。我們發現，當情緒存在時，以「你」為開頭的句子，常常「不小心」給人指責、質問的感覺。不過，說出這句話的人卻不一定有這個意思。因此，當你覺得內在的想法、情緒或感覺應該傳達出來時，以「我」為出發點是比較好的

做法。我們可以用三步驟來思考,該如何以「我」為出發點,好好說出真心話:

事件	感受	期待
外面發生了什麼事?	內心發生了什麼事?	我的期待是什麼?
現在的處境、情境大概是什麼?我會如何描述?	我的想法是什麼?我的情緒與感受是什麼?	我期待彰顯怎樣的價值觀?對方可以如何協助我?

　　要能以「我」為開頭溝通,我們必須對「當下的自己」有一定程度的了解。同時,也讓對方有機會直接知道我們的感覺,而不用猜。華人文化習慣隱瞞、藏著心事,偏偏我們又都不是很好的「讀心師」,有些事不說出來,對方不一定會懂。一旦要對方猜,對方又無法精確地猜對,結果不僅你這邊覺得失落,對方努力猜了很久,還是猜不到你的心,也不好受。這種隱晦的溝通模式,對雙方來說其實都很折騰。(以剛剛那句話來說,可以改寫為:「我很擔心你太晚回家。」)

　　之前提到阿烈因為女兒太晚還在客廳玩電腦,不肯睡覺。在這種狀況下,如果阿烈在乎的是給女兒好的教養,期許自己成為妥善照顧女兒、卻又不過度溺愛的父親,那麼,顯然針對「女兒太晚睡」這件事好好溝通,是有必要

的。阿烈可以透過下列三步驟來進行溝通：

❋ 事件→外面發生了什麼事：現在這樣，帶給我什麼困擾？

　「妹妹，爸爸注意到現在已經十一點，差不多是該準備上床睡覺的時間了，不過爸爸（我）發現妳還在用電腦。」

❋ 感受→內心發生了什麼事：我有什麼想法、情緒和感覺？

　「爸爸（我）看妳在玩電腦，心裡不太開心。原本不想打擾妳，不過爸爸擔心（情緒）晚睡對妳的身體不好，會害妳長不高（想法），所以還是來打斷妳。因為這是爸爸第二次來提醒妳了，希望妳可以把爸爸的話聽進去。不然爸爸擔心自己可能會發脾氣，可是，爸爸不想對妳發脾氣。」

❋ 期待→當下有什麼可能和機會，可以讓雙方調整這樣的狀況？

　「如果妳已經聽到爸爸的話，是不是可以稍微收拾一下，準備去洗澡睡覺了？倘若妳還是想玩電腦，可以等明天玩電腦的時間再來玩。或者，明天我們可以一起討論，以後用電腦的時間要怎麼安排。不過，現在爸爸有點累

了，還是希望妳可以早點休息。」

　　要全部使用「我」做為開頭並不容易，但光是留意到自己使用了多少「我」跟「你」，這件事本身就是很好的練習；雖然說話會變慢，卻也變相鼓勵我們在話說出口前先想一下。

　　用這類「我語言」溝通時，我們比較可能給人「對事不對人」的感覺。「對事」的時候，我們認為眼前的人有可能改變，知道自己在討論的是「這一次」，而不是「這輩子」。但若我們抱著「對人」的心情來與對方溝通，其實內心潛藏著一個預設：我們對他的改變不抱期待，只是想發洩情緒。

關於溝通的其他提醒

　　有時，即便雙方都已經盡量對事不對人了，仍會遇到溝通的困境。這時，不要忘記，溝通不良的原因不一定出在彼此身上，環境可能也有影響。當一個人沒時間、忙著做其他事情，或體力很差、很疲憊，剛忙完一件大事而精疲力盡時，我們很難期待在這種狀況下會有多好的溝通品質。因此，在溝通時，試著多營造「天時」、「地利」，才更有機會出現「人和」的溝通。

　　以阿烈剛剛的溝通情境為例，值得留意的是：

- 時間已經不早了，雙方的體力與耐心可能都用得差不多了。
- 女兒正在玩電腦，可能要尋找空檔討論，避免打斷她還沒做完的事。

除此之外，我們還可以動動腦，思考一下能否創造出更適合溝通的情境，比方說：

- 人：除了自己之外，是否有其他人更適合溝通這些事？可以找誰協助嗎？
- 事：該如何提出你想溝通、討論的事情？用什麼方法講比較好？當面說，還是借助一些工具，像是先傳個訊息問問？對方是否偏好電子郵件？
- 時：什麼時候討論比較好？
- 地：在什麼地方討論這些事，彼此會比較舒服？在公開場合，或是私下？討論的空間適當嗎？
- 物：準備一些東西，會不會讓溝通更有效？比如水果、食物、點心，或者是否要準備簡報、相關的材料等。

當你已經努力調整、減低環境的影響力後，卻還是感覺溝通卡關時，可以回過頭來檢視一下自己的狀態。問問自己的心是否存在於當下？你是不是回到過去，調閱以前

與對面這個人溝通的紀錄,並把那些記憶帶到現在?具體來說,能不能試著告訴自己,「我是第一次和眼前的人對話」?練習用這種方式溝通,很可能會產生意想不到的效果。

在做有意義的事情時,過程不總是舒服的。當你試著用新的方式,把內心的感受傳達出來時,你正冒著一種「脆弱」的險。過去的你可能沒太多說出真心話的經驗,感到害怕是正常的。不過,也請給自己機會練習,並相信自己在練習之後,將會有更多勇氣說出真心話。脆弱的感覺只會出現在自己在意的人事物上。脆弱意味著在乎,在乎意味著重要。

不要忘記,說出真心話之後,對方可能是第一次聽到你這麼說,第一時間不知道如何回應,是很正常的反應。因此,若對方的回應不如你的預期(像是傻住、啞口無言、開始反駁你等等),也請不要因此感到氣餒。就像你突然聽到別人說出真心話時,一時半刻也不知如何回應,這都是很正常的。如果可以的話,請你試著引導對方,問問他的感受:

- 不知道你聽我這樣說完,你的想法是什麼?
- 不知道你聽我這樣說完,你現在有什麼感覺?
- 不知道你聽我這樣說完,覺得我們怎麼做比較好?

當雙方都能用這種方式溝通時，我們正一起營造一個「接納」的環境。就如同我們在注意力訓練時提到的，不管心裡想到什麼，我們都看見它、允許它出現。在溝通時，我們都要看見／聽進對方所說的話，並給予尊重。這並不表示我們得認為對方說的話都是對的，或我們一定要認同對方的想法。同樣的，當我們表達出自己的感受時，對方也不一定要認同我們的論點。但處在一個互相接納的安全環境下，我們將更有機會認識彼此，透過溝通、分享與討論，澄清雙方價值觀的一致與差異，就更有可能討論出共識。

＊　＊　＊

　　本篇內容聚焦在大量的「行動」，行動的動力不是出於「壓抑」，也不是否認內心的聲音，而是我們所「選擇」的價值觀。行動時，我們是勇敢的。但勇敢不表示一切的進展都會很舒服，也不意味著我們不會害怕。不管你選擇聆聽對方、表達自己，在實踐價值觀的路上，感到害怕與脆弱都是必要的修煉。真正的勇敢，並不是毫無害怕的感覺，而是即便看見自己在害怕、了解自己的害怕之後，仍出於選擇，帶著這些害怕去做自己覺得重要的事。

　　所謂「完整的自己」，就是願意接納自己難免有的負

面想法和情緒，卻也不忘那些自己在意的價值觀，並以此
做為人生的指南針。

接納現實，不忘勇於改變

「請賜我寧靜，去接受我不能改變的一切；賜我勇氣，去改變應該改變的事，並賜給我智慧，去分辨什麼是可以改變的，什麼是不可以改變的。」（尼布爾祈禱文）

學習了三個章節的壓抑概念（how, what, why）、兩個章節的壓抑破解練習（接納與價值觀），我們再次在這兒碰頭。親愛的讀者，辛苦了。在此，我想簡單總結一下這段解壓之旅的精神。

處理壓抑時，我們跳脫了「繼續壓抑」或「宣洩出來」的二選一難題，而摸索出第三條路：透過「專注力訓練」與「價值觀行動」並重的策略，來重新思考處理壓抑的方法。這看起來很矛盾，專注力訓練時，我們練習接納；價值觀行動時，我們練習改變。接納與改變可能共存嗎？

是的，接納與改變不但能共存，還能帶來真實的效果。當

中的關鍵就在於，我們能否清楚辨別什麼該接納、什麼該改變。壓抑使我們花太多時間去改變那些其實無法改變的事（像是腦中紛飛的壞心情和想法），導致我們忘了把力氣用在更值得的「價值觀行動」上。

讀到這邊的你，或許已經嘗試過書中介紹的一些方法了。不管結果如何，跟大家告別前，我想提醒：「改變很困難，是因為它本來就很難，不是因為你不好。」假如有一天你右手骨折了，不得不練習用左手來開門。在成功改變之前，你大概會經歷這幾個階段：

- 忘記要用左手開門，結果把右手弄得很痛。
- 看到門時，專心地花時間提醒自己，用左手開門。
- 看到門時，專心地用左手開門，而且開得很不順。
- 看到門時，直覺地知道要用左手開門，但還是開得很不順。
- 看到門時，直覺地知道要用左手開門，但開得比較順了。
- 看到門時，能直接用左手順順地開門。
- 某陣子工作壓力大，看到門又暫時忘記要用左手開門，把右手弄得很痛。

改變壓抑習慣也像這樣，即便大致理解書中提到的觀念與方法，下次在緊要關頭，你可能還是會壓抑，別因此而氣餒。只要不斷練習，大腦就會改變。有朝一日，我們「偵測壓抑」的敏感度會提高。長時間進行專注力練習後，你甚至可以在壓抑前就看到「自己想要壓抑的感覺」。只是如同學習新語言一樣，需要你不斷的練習。

在進行本書安排的練習時，發現自己變得笨手笨腳，其實是非常正常的感覺。利用這種不得不慢下來的方式，我正在培養大家的「自我覺察」能力。在這個快到不行的世代，唯有「慢」才能找到關鍵的著力點。

期待本書成為讀者的「解壓工具書」，在必要時，你可以拿出來複習裡頭的概念，持續練習、用表格觀察、拿筆記錄。也別忘了，每天花一段時間做專注力的練習，用實踐來培育自己接納的心。更別忘了，定期去找你最重要的盟友「價值觀」，多跟它互動、討論，思考自己的方向。

本書的最終目標不是要讓大家成為毫不壓抑的人，畢竟壓抑仍有生存上的考量與好處。我們期待大家能對壓抑更敏銳，當壓抑不再必要時，有能力選擇自己想要的行動，變成在心理上更有彈性的人。

本書大量背景概念源於近代發展的心理治療取向——接納

與承諾治療（Acceptance and Commitment Therapy, ACT），這是有科學實證基礎的心理治療方法。不過因為很新，在台灣還沒有被普遍的認識。很高興能透過書籍的撰寫與推廣，讓更多民眾用輕鬆易懂的方式，了解這個療法的精神。也謝謝ACT理論創始人史蒂芬·海斯（Steven C. Hayes）對本書的推薦。過去學習ACT便是一段苦樂兼具的經驗，苦其理論之複雜，樂於此工具替個案帶來的真實改變；很高興透過本書，為ACT在臺灣的推廣盡一份心力，實踐自己的價值觀。

感謝時報文化的總編輯曾文娟女士、主編芳如與維君、企劃婉婷與多誠，還有長期合作的彥捷，與各位相遇的緣分促成了本書的誕生。也感謝程威銓（海苔熊）、劉同雪副教授、丁郁芙臨床心理師、王意中所長、陳品皓執行長、楊俐容理事長、蘇映竹所長等專業工作者的推薦。當然，身旁家人與好友在書寫過程中的陪伴與支持，點滴在心，滿滿感謝。

盡信書不如無書，敬邀讀者用自己的經驗來閱讀本書，與書對話。期許本書能讓大家在這個壓抑世代中，找到更有活力的生活方式。

人生顧問 0296

練習不壓抑

作　　者——蘇益賢
主　　編——林芳如、沈維君
責任企劃——金多誠、潘彥捷、廖婉婷
封面設計——日央設計
內頁設計——文皇工作室
內頁排版——極翔企業有限公司

總 編 輯——曾文娟
董 事 長——趙政岷
出 版 者——時報文化出版企業股份有限公司
　　　　　　108019臺北市和平西路3段240號7樓
　　　　　　發行專線—（02）2306-6842
　　　　　　讀者服務專線—0800-231-705・（02）2304-7103
　　　　　　讀者服務傳真—（02）2304-6858
　　　　　　郵撥—19344724 時報文化出版公司
　　　　　　信箱—10899臺北華江橋郵局第99信箱
時報悅讀網——http://www.readingtimes.com.tw
時報出版愛讀者——https://www.facebook.com/ readingtimes.fans

法律顧問——理律法律事務所　陳長文律師、李念祖律師
印　　刷——家佑印刷有限公司
初版一刷——2018年3月16日
初版六刷——2023年12月25日
定　　價——新臺幣300元
（缺頁或破損的書，請寄回更換）

時報文化出版公司成立於一九七五年，
並於一九九九年股票上櫃公開發行，於二〇〇八年脫離中時集團非屬旺中，
以「尊重智慧與創意的文化事業」為信念。

練習不壓抑 / 蘇益賢著. -- 初版. -- 臺北市：時報文
化, 2018.03
　面；　公分. -- （人生顧問；0296）
　ISBN 978-957-13-7310-2（平裝）

1.壓抑　2.情緒管理　3.生活指導

176.5　　　　　　　　　　　　　　107000566

ISBN 978-957-13-7310-2
Printed in Taiwan